U0056362

嬰幼兒STEM教育與教保實務

周淑惠 著

目錄

作者簡介

周淑惠

現任：台灣清華大學幼兒教育學系／所教授

學歷：美國麻州大學教育博士（主修幼兒教育）

　　　美國麻州大學教育碩士

　　　政治大學法學碩士（公共行政）

經歷：新竹教育大學幼兒教育學系／所教授

　　　新加坡新躍大學兼任教授

　　　澳門大學客座教授

　　　美國北科羅拉多大學研究學者

　　　美國內布拉斯加大學客座教授

　　　美國麻州大學客座學者

　　　新竹師範學院幼兒教育學系／所主任

　　　新竹師範學院幼兒教育中心主任

　　　行政院農業發展委員會薦任科員

考試：公務人員高等考試普通行政組及格

序

　　終於發現自己是個閒不住的人，只要認定是有價值的事，定將日以繼夜的全力以赴。本來以為 2017 年 11 月出版的《面向 21 世紀的幼兒教育——探究取向主題課程》，是本人此生告別學術舞台封筆之作，結果在考量攸關未來人工智能世代生存與競爭的 STEM 教育的廣泛落實下，有鮮活的課程實例可供幼教現場工作者參照，遂於手術後接續完成針對幼兒園階段的《具 STEM 精神之幼兒探究課程紀實：「一起創建遊戲樂園」主題》。又在考量 STEM 素養宜自小培養以及坊間對 STEM 教育有所誤解，像是從嬰幼兒期始就操作 IPAD、引入機器人、甚或主張編程活動，因此在撰寫幼兒 STEM 課程紀實時，就同步投入本書《嬰幼兒 STEM 教育與教保實務》的策劃，期望帶給嬰幼兒職前與在職工作者較為正確的指引。

　　筆者對嬰幼兒教保之所以感到興趣，乃源於因先生負笈美國求學期間，兒子方出生十個月就由我獨力在台灣照顧約兩年的經驗。其後我也帶兒子到美依親並就讀碩博士學位，此期間曾獲得美國麻州在家托育的證照，並於學成歸國後持續關注嬰幼兒領域。曾翻譯《嬰幼兒教保環境與互動實務》（*Creating a Learning Environment for Babies & Toddlers*）一書，也曾擔任台灣嬰兒中心訪視督導，以及境外某大學托兒所幼兒導師文憑課程的顧問。再加上 STEM 教育的核心精神就是科學探究，無論是科學或探究課程都一向是我深度投入的研究領域，有數本研究成果專書，很順利地就找到切入點，所以從上一本焦點在幼兒園階段的 STEM 課程紀實出版後，接續在托嬰中心進行研究並整理嬰幼兒 STEM 研究成果，發表此書。

　　本書《嬰幼兒 STEM 教育與教保實務》大體上有三大重點：(1) 嬰幼兒與其教保實務；(2) STEM 教育及其與嬰幼兒、嬰幼兒教保的關係，以及 STEM 教育的教保基礎要件；(3) 嬰幼兒 STEM 教育之具體落實，含 STEM 探究活

動的設計與實施以及具體的活動示例。因此共分六章闡述：「嬰幼兒發展概況」、「嬰幼兒教保實務」、「STEM 教育與嬰幼兒」、「嬰幼兒 STEM 教育之教保基礎」、「嬰幼兒 STEM 教育之設計與實施」、「嬰幼兒 STEM 探究活動示例」。整體而言，本書主張 STEM 教育及其探究核心精神宜自嬰幼兒起就開始接觸，然而 STEM 教育有其教保基礎——親密互動的關係、安全暨豐富的環境，方得以支持嬰幼兒的探索與學習，有利 STEM 教育的落實。亦即本書在強調「保育、作息即課程」及「遊戲、探索即課程」的基礎上，實現嬰幼兒 STEM 教育。而為便於實務工作者漸進落實以建立信心與根基，本書建議以個別探究活動開始再擴展至以主題統整的課程，並以專章活動實例說明嬰幼兒 STEM 教育之設計與實施。全書有理論與理念的基礎部分，亦有活動室實務與之輝映，期能連結理論與實務。

　　本書能夠完成首先要感謝親仁實驗幼兒園鄭園長的大力推介與媒合，才得以在某公司附設托嬰中心進行試教研究，在此要特別感謝該托嬰中心林園長之協助與安排；此外也在親仁科園幼兒園的幼幼班進行活動試行，十分感謝劉園長的大力支持。同時也要特別向李嘉芬園長及蔡孟柔園長致謝，因為他們不吝提供相關照片，讓本書增色不少。當然也要感謝我的家人大力支持與協助，尤其是筆者先生的改稿與潤筆協助，讓本書撰寫的速度加速許多，以及心理出版社總編輯林敬堯與本書主編高碧嶸的盡心編校與配合時程出版。感恩！

淑惠　寫於　新竹中城
2018 中秋月夜

第一章

嬰幼兒發展概況

STEM 教育為近年來各國教育政策的重點，筆者呼籲 STEM 教育與其核心——探究精神，可於嬰幼兒階段實施，故而本書旨在探討嬰幼兒 STEM 教育及其如何實施。而為了理解教學互動的對象——出生至 3 歲嬰幼兒，所以開宗明義第一章乃論述嬰幼兒的發展概況，以做為論述托育中心嬰幼兒 STEM 教育的基礎（在家照顧的嬰幼兒亦可參照實施）。在此特別說明的是，本書涵蓋 0～3 歲嬰幼兒，在大陸 3～6 歲入幼兒園就讀，由教師施教，0～3 歲入托育中心，由保育員照護（根據 2018 年公布的上海 3 歲以下幼兒托育服務工作的指導意見）；然而在台灣 2～3 歲幼兒是屬於幼兒園階段，入幼兒園就讀，由教保員施予保教，0～2 歲入托嬰中心，由保母照護。由於規定不一，又鑒於世界各國 0～3 歲階段均奉行保育與教育合一（educare）的概念與實務，故本書對 0～3 歲階段施予保教者，均統稱之為教師。

第一節　嬰幼兒發展趨勢與里程碑

本節分為兩個部分，首先是探討嬰幼兒發展的趨勢，繼而分享各階段里程碑，讓讀者大致理解嬰幼兒的發展概況；其次論及嬰幼兒的發展與學習方式，即嬰幼兒是透過何種方式發展與學習，以做為教保實務的參照。

一、嬰幼兒發展趨勢

為方便托育中心教師與一般家長參考，筆者綜合嬰幼兒發展相關文獻（王珮玲，2013；葉郁菁、施嘉慧、鄭伊恬，2016；龔美娟、陳姣伶、李德芬、游淑芬、華紹昌，2012；Berk, 2001, 2012; Copple & Bredekamp, 2009; Copple, Bredekamp, Koralek, & Charner, 2013; Gonzalez-Mena & Eyer, 2018; Wittmer & Petersen, 2018），將 0～3 歲嬰幼兒各領域的發展方向或趨勢，如體能動作、認知、語文與社會，按照 0～1 歲、1～2 歲、2～3 歲三個階段，大致整理如表 1-1-1，並說明如下。

（一）體能動作發展

發展有其方向及趨勢，動作是愈來愈可控制並趨向細緻，是可加預測的，基本上有三個原則：由上而下（頭部至腳部）、由中而外（中心至外緣），由大肌肉群至小肌肉群。由上而下原則是指從頭部逐漸發展到身體的其他部位，所以小嬰兒先會控制頭部，從抬頭，到坐著、再到站。由中而外原則（或稱為由近到遠原則），係指由身體的中心發展到外圍，所以小嬰兒先會控制軀幹再到手部，先會控制手臂再到手指。至於精細動作如抓取物品，小嬰兒先是以手臂環抱，剛開始手臂的動作很大，像是整個手臂橫掃狀，其後則能以手掌握物，約至 1 歲左右才能運用手指夾取物品，充分顯示由大至小肌肉群的發展方向。

表 1-1-1　0～3 歲嬰幼兒發展趨勢

	0～1 歲	1～2 歲	2～3 歲
體能動作	● 抬頭撐起上半身→翻身→坐→爬→開始走路 ● 以手指夾取東西	● 走路→走很穩→能上下樓梯（雙腳同階） ● 能一頁一頁的翻圖畫書	● 開始會跑、雙腳跳→雙腳交替上下樓梯 ● 能模仿別人摺紙
認知	● 完全無物體概念→初步形成物體恆存概念 ● 無意圖→有意圖行為	● 不完整的物體恆存概念→完整的物體恆存概念 ● 1 歲開始能以實驗驗證想法 ● 2 歲前開始出現象徵性表達	● 由戲劇遊戲開始走向社會性戲劇 ● 受直觀經驗影響，常以自我中心看待世界，如具泛靈觀、無保留概念等
語言	● 不能會意→逐漸能會意 ● 牙語、模仿重複音節→開始說出有意義字	● 透過情境線索較能會意 ● 單字句期→雙字句期→多字句期（命名期、電報語句期）	● 造句期（較完整句子、使用你我他代名詞）→好問期、複句期
情緒／社會	● 建立特定依附關係→陌生人焦慮、分離焦慮（6、7 個月開始出現） ● 對同伴發生興趣	● 分離焦慮達最高峰 ● 單獨遊戲	● 單獨遊戲→平行遊戲（形體接近但無交集） ● 由戲劇遊戲開始走向社會性戲劇遊戲

註：「→」符號代表發展方向或趨勢，即往「→」右邊文字的方向發展。
資料來源：筆者自行整理。

　　大體而言，嬰幼兒約在 2、3 個月脖子挺直，3、4 個月繼而能翻身，接著在 7 個月左右能自己坐穩，8 個月左右能爬行，而約 10 個月左右可以扶東西站立或扶著走幾步，約 12 個月左右可以自己走（圖 1-1-1a.），並能以手指

圖 1-1-1a.　12 個月大女孩會走路

圖 1-1-1b.　這位 18 個月大男孩走得很穩
　　　　　　且可以跑去撿球

圖 1-1-1c.　2～3 歲能走懸吊的有間隙
　　　　　　梯階

圖 1-1-1d.　2～3 歲能攀爬懸吊的有間隙
　　　　　　梯階

夾取東西。18 個月左右走得很穩（圖 1-1-1b.男孩甚至可以跑去撿球），邁向 2 歲時可以自行上下樓梯，也能踢球，並能一頁一頁的翻圖畫書。2～3 歲能不扶物體雙腳同時離地跳躍，以及在大型遊戲結構上能走與攀爬懸吊的有間隙梯階（圖 1-1-1c.與圖 1-1-1d.），並能模仿摺紙動作……，不過值得注意的是，以上發展是一個大致的趨勢，仍有個別差異現象存在，如圖 1-1-1b.的男孩已經會跑，而且跑得很快。又剛會走路的嬰幼兒很喜歡來回徘徊、攜帶物品走著，或是將物品倒出與放入，這就是在練習大肌肉動作技能，所以托育中心要有可自由移動的室內外空間與豐富的各類玩教具，讓嬰幼兒有機會運用其大小肌肉動作技能，以促進更精進發展。

（二）認知發展

　　認知發展的方向與趨勢也是漸續的，而「物體恆存」（object permanence）概念是認知發展的重要指標。初始嬰兒沒有「物體恆存」概念，當玩具蓋上一塊布時，他並不會去找，因為他認為該玩具不再存在了，只有他看得到或摸得到的才存在，這就是躲貓貓遊戲讓嬰兒特別興奮的原因，因為不再存在的又活生生的出現。而約 8 個月後的嬰幼兒開始出現有意圖性的行為，例如在近 1 歲嬰幼兒面前蓋上玩具時，他會將蓋上的東西推開以抓出玩具，或是當他面前取走玩具時，他會在原處尋找，此時已初步建立物體恆存的概念，但尚不完整。

　　在有意圖的行為出現後，約 1 歲以上嬰幼兒開始會以物體做實驗本探索答案或解決問題；而將近 2 歲時，嬰幼兒進入心理表徵的階段，能象徵性的表達想像中的東西，出現假扮遊戲或象徵遊戲。也因為以上實驗與表徵的能力，使嬰幼兒約在 2 歲時得以建立完整的物體恆存概念，例如去好幾個地點尋找離開視線時被移走的玩具，亦即即使看不到物體，還是認為物體持續存在，可以說具備物體恆存概念是人生階段的一個重大成就。而且這個階段因不斷以新的行動來試驗，因此能理解簡單的因果關係與做出預測，例如幼兒將球滾向沙發處，會到沙發底下去尋找球。

　　2 歲後的嬰幼兒由於身體更能自由移動探索，而且伴隨語言逐漸發展，在認知上則進步許多，約 2 歲半左右非常喜歡問為什麼且連番詢問，不過其邏輯思考因受直觀經驗的影響，較從自我觀點來看待世界。例如 2、3 歲以上幼兒基本上尚未有保留概念——外在形狀改變就無法保留事物的不變性（不再認為是同一個東西）；持泛靈觀——自然界事物都具有生命或意識，如被大型遊具絆倒時，會生氣的打它；混淆時間與空間地點——將時間與特定空間地點連結，如在餐桌上吃水果點心就是早上點心時間，躺在小床墊上就是午休中午時間等。

從假扮遊戲的角度來看，2～3歲嬰幼兒最重大的改變是「心理表徵」的進展，Berk（2012）指出，1歲半的嬰幼兒與2～3歲幼兒在扮演遊戲上有三大不同之處，這也可看出孩子在認知發展上的重大變化：(1)具有物品或情境取代的能力——較有彈性的運用物體去扮演，不受限於該物品真正的用途，如長條積木可以是手機、蛋糕、警棍；(2)逐漸遠離自我中心——從開始餵自己吃飯進化到餵填充動物小熊吃飯，到3歲時會讓小熊自己餵食；(3)情節日趨複雜並走向社會戲劇遊戲——1歲半嬰幼兒還不會結合兩個不同動作或是情節，如將吃飯與喝果汁結合；2歲左右就開始進入社會戲劇遊戲（sociodramatic play），不同動作與遊戲情節愈來愈能結合，也愈趨複雜，並且逐漸與同儕合作扮演，而高階的社會戲劇遊戲要到3、4歲之後才能出現。

（三）語言發展

　　語言發展的方向與趨勢也是有規律、可預測的。首先是接收性語言，是一個由不能會意到能會意的歷程。當父母或照顧者回應嬰幼兒的各種需求時，會不斷的重複大致相同的話語，如「餓了嗎？來喝奶奶喔！」「尿布濕啦？我知道不舒服，我們來換尿布喔！」孩子接收到的就是接收性語言。接收性語言是表達性語言的基礎，孩子在熟悉情境中日復一日聽到同樣的話，自然地就會有所回應，剛開始是回應所聽到的語音或音調，其後運用情境線索去猜測不熟悉的字詞，慢慢就能抓住意思，甚而回應其意義，成為表達性語言。所以接收性語言很重要，在平日保育照護與遊戲中，宜敏銳與關愛的回應幼兒需要並親密互動，即當嬰幼兒還未說話前，就必須與之對話、說故事、唱歌、玩手指謠等。

　　其次就表達性語言方面，它是由新生兒的無意義發聲、模仿，經字詞逐漸增加，到能造句且愈加複雜，可以說是由簡單發聲至複雜表意的歷程。大體上嬰幼兒12個月前先是發出牙牙學語聲、模仿並發出重複音節如bababababa或mamamama，為人父母者欣喜萬分，但其實這樣的發聲是無意義的。到12個月左右開始會說出有意義的字，如爸爸、媽媽、抱抱、狗狗等，而且其單

字有時是表意一個句子，如「抱抱」可能是「媽媽抱我」，所以稱之為「單字句期」。約 18 個月以後，知道每件東西都有名稱，喜歡問其名稱，稱為「命名期」，而且進入有如電報語言的「雙字句期」與「多字句期」。2 歲後則能說出較完整的句子，稱為「造句期」或「文法期」，到了 2 歲半至 3 歲是「好問期」，喜歡問為什麼且語句變得複雜多了，進入「複句期」。

（四）情緒／社會發展

　　嬰幼兒社會性的發展方向與趨勢是先由與照顧者的關係才到同儕，而遊戲則由獨自狀態、經與人逐漸發生關聯，到與人合作狀態。從嬰兒依附關係可以看出與人互動的社會性發展，也是嬰兒發展社會技巧的主要依藉。嬰兒出生後與照顧者建立依附關係，會跟照顧者玩躲貓貓遊戲，到 6、7 個月大時開始出現「陌生人焦慮」，繼而出現不滿與依附對象分離的「分離焦慮」，1 歲以後到近 2 歲時達到最高峰。根據研究，如果這個階段建立安全的依附關係，對他以後的社會發展有所助益（參見第四章第一節）。在同伴關係上，6 個月以上小嬰兒會對彼此發生興趣，1 歲左右到 2 歲偶爾會出現將玩具給同伴玩的行為（圖 1-1-2a.與圖 1-1-2b.），但還不是真正的合作行為。

圖 1-1-2a.　約 1 歲女孩給同伴玩具　　圖 1-1-2b.　約 1 歲女孩給同伴繪本

從遊戲的社會性亦可看出嬰幼兒在社會領域的發展趨勢，根據Parten，2歲至2歲半較常出現「單獨遊戲」狀態；2歲半到3歲半出現形體接近但無交集的「平行遊戲」；3歲半到4歲半出現有點類似、關聯但無合作事實的「聯合遊戲」，至於真正有交集、目標的「合作遊戲」則發生在4歲半以後（引自Isenberg & Jalongo, 1997）。另外從扮演遊戲的角度而言，2～3歲這個時期出現扮演遊戲（或稱假扮遊戲、戲劇遊戲），然而彼此協商劇情發展以人為取向的高階社會戲劇遊戲要到3、4歲後才出現（Fein & Schwartz, 1986; Smilansky & Shefatya, 1990）。整個社會性遊戲的發展如圖1-1-3.所示。

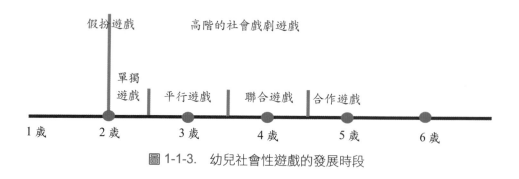

圖 1-1-3. 幼兒社會性遊戲的發展時段

二、嬰幼兒發展里程碑

為人父母或托育機構教師通常會參閱類似各階段發展成就或里程碑的較詳盡權威文件，以做為檢視孩童發展的依據，在此亦提出兩份文件，以供參照。值得注意的是，發展里程碑文件僅供參照，因為每個孩子皆有個別差異性，可能在每個領域的發展有不同速率，但只要在合理範圍內，都是可接受的。

由中國教育部與聯合國兒童基金會（2011）合作出版的《0～6歲兒童發展的里程碑》（http://www.unicef.cn/cn/uploadfile/2012/0210/201202100246 15488.pdf）以條列方式並輔以部分圖示，簡要說明每個階段孩子的成長，是一份重要的嬰幼兒發展參考資料，筆者擷取0～3歲嬰幼兒部分，按照發展領域將其大致分類整理成表1-1-2，以方便讀者閱讀。不過有些發展行為表現跨越領

表 1-1-2　0～3 歲兒童發展里程碑（中國教育部與聯合國兒童基金會）

領域 年齡	身體動作	認知／語言	生活自理／情緒／社交
6 個月	• 能翻身，靠著東西能坐或獨坐 • 會緊握鈴鐺，主動拿玩具，拿著東西就放嘴裡咬 • 玩具能在兩手間交換 • 喜歡玩腳和腳趾頭	• 喜歡看顏色鮮豔東西，會盯著移動物體看 • 會大聲笑，會自己發出「o」、「a」等聲音，喜歡別人跟他說話 • 會故意扔擲東西 • 喜歡與大人玩躲貓貓遊戲 • 對周圍各種東西都感興趣	• 能區別他人說話的口氣，受到批評會哭 • 有明顯的害怕、焦慮、哭鬧等反應 • 開始認生，認識親近的人，見生人就哭
12 個月	• 長出六至八顆乳牙 • 能熟練的爬 • 扶家具或東西能走 • 能滾皮球 • 喜歡反覆拾起東西再扔掉 • 會搭一至二塊積木	• 會找到藏起來的東西，喜歡玩藏東西的遊戲 • 理解一些簡單的指令，如拍手和「再見」 • 能模仿叫「爸爸」、「媽媽」	• 能配合大人穿脫衣服 • 會用面部表情、手勢、單詞和大人交流，如微笑、拍手、伸出一根手指表示 1 歲等，會隨著音樂做動作 • 喜歡跟小朋友一起玩
18 個月	• 有八至十四顆乳牙 • 能獨站、獨走、蹲下再站起來，會抬一隻腳做踢的動作 • 走路時能推、拉，或者搬運玩具 • 能玩簡單的打鼓、敲瓶等音樂器具 • 能從杯子中取出或放進小玩具 • 能堆起二至三塊積木	• 能重複一些簡單的聲音和動作 • 能聽懂或理解一些話，能說出自己的名字 • 喜歡聽兒歌、故事，聽大人的指令能指出書上相對應的東西 • 能用一、兩個字表達自己的意願 • 能有意識的叫「爸爸」、「媽媽」 • 能辨別家人的稱謂和家裡熟悉的東西 • 能認出鏡中的自己 • 能指出身體的各部位	• 能自己用杯子喝水，用湯匙吃飯 • 能短時間和小朋友一起玩

（續下頁）

表 1-1-2　0～3 歲兒童發展里程碑（中國教育部與聯合國兒童基金會）（續）

領域 年齡	身體動作	認知／語言	生活自理／情緒／社交
24 個月	• 能向後退著走 • 能扶欄杆上下樓梯 • 在大人照顧下，能在寬的平衡木上走 • 能踢球、扔球 • 模仿大人試圖拉開和閉合普通的拉鍊 • 模仿摺紙，能試圖堆四至六塊積木	• 喜歡童謠、歌曲、短故事和手指遊戲 • 知道並運用自己的名字，如「寶寶要」 • 能手口一致說出身體各部位名稱 • 會說三個字的短句 • 喜歡看書，學著大人的樣子翻書 • 能認識兩種顏色，能認簡單形狀。如圓形、方形、三角形等 • 喜歡玩沙、玩水 • 能認出照片上的自己，對著笑或是用手指著	• 在大人幫助下，能自己用湯匙吃飯 • 能主動表示想大小便 • 能自己洗手 • 模仿做家事（如幫忙正在做事的大人拿椅子，大人做麵食時跟著捏） • 表現出多種情感（同情、愛、不喜歡等）
2～3 歲	• 乳牙長齊 20 顆 • 會騎三輪車；能兩腳併跳；能爬攀登架；能獨自繞過障礙物（如門檻） • 能走較寬的平衡木 • 能自己上下樓梯 • 能握住大的蠟筆在大紙上塗鴉 • 會擰開或擰緊蓋子 • 能用手指捏細小的物體，能解開和扣上衣服上的大鈕釦，會摺紙，洗手會擦乾	• 喜歡倒東西和裝東西的活動，如玩沙、玩水 • 開始有目的的運用東西，如把一塊積木當一艘船到處推 • 能把物體進行簡單的分類，如把衣服和鞋子分開 • 熟悉主要交通工具及常見動物 • 說出圖畫書上東西的名稱 • 喜歡聽大人唸故事書，能一頁一頁的翻書，並假裝「讀書」 • 能說出六至十個詞的句子，能比較準確地使用「你」、「我」、「他」	• 脾氣不穩定，沒有耐心，很難等待或輪流 • 喜歡「幫忙」做家事；愛模仿生活中的活動，如餵玩具娃娃吃飯 • 喜歡和別的孩子一起玩，相互模仿言行

資料來源：整理自中國教育部與聯合國兒童基金會（2011）。

域，屬於一種領域以上，如喜歡與大人玩躲貓貓遊戲因為涉及物體恆存概念的發展，既是屬於認知領域，也屬於社會領域；喜歡別人跟他說話，是說話、對話的先兆，屬於語言領域，也屬於與人交往的社會領域。其實各發展領域間是相互關聯的，並非各自獨立運作。

　　此外，台灣衛生福利部社會及家庭署也有一份「兒童發展量表」，所描述的各階段每項發展里程碑均有小插圖配合說明，簡明與清楚易懂（圖1-1-4a.至圖 1-1-4d.）（https://www.sfaa.gov.tw/SFAA/Pages/Detail.aspx?nodeid=148&pid=650）。筆者亦擷取 0～3 歲將其整理成表 1-1-3 呈現。比較這兩個表，發現中國教育部與聯合國兒童基金會的里程碑在認知部分較為詳盡，在情緒與社交部分稍較完整；不過也可看出兩個表在有些發展里程碑上有些微出入，如自行上下樓梯、模仿摺紙等，可能是有地域性差異存在。

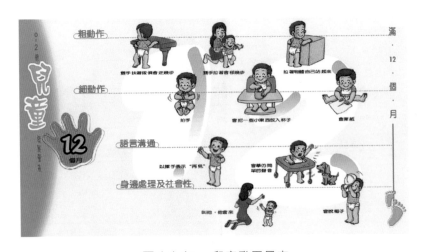

圖 1-1-4a.　兒童發展量表
資料來源：台灣衛生福利部社會及家庭署（2018a）。

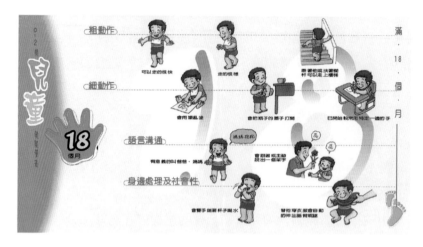

圖 1-1-4b. 兒童發展量表
資料來源：台灣衛生福利部社會及家庭署（2018a）。

圖 1-1-4c. 兒童發展量表
資料來源：台灣衛生福利部社會及家庭署（2018a）。

圖 1-1-4d.　兒童發展量表
資料來源：台灣衛生福利部社會及家庭署（2018a）。

表 1-1-3　兒童發展量表（台灣衛生福利部）

年齡	身體動作	認知／語言	生活自理／社交
6 個月	• 抱直時，脖子豎直，頸部保持在中央 • 會自己翻身（由俯臥翻成仰臥） • 能坐在有靠背椅子上 • 手能伸向物體並互握 • 能拉開臉上的手帕	• 哭鬧時會因媽媽的安撫聲而停止哭泣 • 看他時會回看你的眼睛	• 逗他會微笑 • 餵食時會張口或用其他的動作表示要吃
12 個月	• 雙手扶家具會走幾步 • 雙手拉著會移幾步 • 扶著物體自己會站起 • 會拍手、撕紙 • 會把小東西放入杯子	• 以揮手表示再見 • 會模仿簡單的聲音	• 叫他，他會來 • 會脫帽子
18 個月	• 可以走得很穩、很快 • 牽著他或扶著欄杆，可以走向樓梯 • 會把瓶子的蓋子打開 • 會用筆亂塗 • 開始較常用特定的一手	• 有意義的叫爸爸媽媽 • 會跟著或主動說出一個單字	• 會雙手端著杯子喝水 • 替他穿衣服會自動伸出胳臂或腿

（續下頁）

表 1-1-3　兒童發展量表（台灣衛生福利部）（續）

年齡	身體動作	認知／語言	生活自理／社交
24 個月	• 會自己上下樓梯 • 會自己從椅子上爬下 • 會踢球（一腳站立另一腳踢） • 重疊兩塊積木 • 會一頁一頁的翻圖書 • 會將杯子的水倒到另一個杯子	• 會指出身體的一部分 • 至少會講十個單字	• 會自己脫衣服 • 會打開糖果紙
2～3 歲	• 會手心朝下丟球或物 • 不扶東西能雙腳同時離地跳 • 會照著樣式或模仿畫出垂直線 • 能模仿別人做摺紙的動作	• 能正確說出身體六個部位名稱 • 幼兒說話半數讓人聽得懂 • 會主動告知想上廁所 • 會問「這是什麼」	• 會穿脫沒有鞋帶的鞋子 • 能用湯匙吃喝東西 • 會自己洗手或擦乾

資料來源：整理自台灣衛生福利部社會及家庭署（2018a）。

第二節　嬰幼兒發展與學習方式

　　理論是解釋現象的，讓我們更加理解現象，為了對嬰幼兒有所理解，吾人必須從發展與學習理論著手。然而沒有一個理論可以完整的解釋所有現象，因此我們必須綜覽各家理論，從中萃取有利幼兒學習與發展之相關資訊。談到嬰幼兒的發展，勢必提到瑞士有名認知心理學家 Piaget 的認知發展理論，他的理論乃從自己三個孩子身上的深入觀察歸納而出；其次也必須參考俄國心理學家 Vygotsky 的社會文化論，因為他是從更廣大的社會文化觀點來說明人類的發展。兩個理論可以互補，用以了解嬰幼兒的發展與學習。

　　筆者會選擇這兩個理論，一方面 Piaget 認知發展論與 Vygotsky 社會文化論對於「知識是心智建構的」有相當一致的看法，這是筆者相當信服的觀點；再方面筆者是社會文化論的服膺者，人類確實是生活在廣大的社會文化之中，受社會文化影響至鉅，這是無法否認的事實。又社會文化論是當代各國重要幼教課程文件所立基的主要精神，例如美國全國幼兒教育協會（National Association for the Education of Young Children，簡稱 NAEYC）出版的《合宜發展的實務——出生至 8 歲的幼兒教育》（*Developmentally Appropriate Practice in Early Childhood Programs: Serving Children from Birth through Age 8*）（Copple & Bredekamp, 2009），以及澳洲政府 0～5 歲的《歸屬、現狀和形成——澳洲兒童早期學習框架》（*Belonging, Being and Becoming: The Early Years Learning Framework for Australia*）（Commonwealth of Australia, 2009）均是。

　　雖然本書選擇兩種理論來探討與解釋兒童的發展，但是並非表示其他理論沒有貢獻，相反的，像是腦神經科學方面的研究成果，猶如暮鼓晨鐘般的提醒吾人：從出生到 5 歲是腦部發展的最關鍵時期！在最初幾年裡每秒鐘有多於百萬新的神經連結形成，在這急速增生期後，會歷經修剪程序，讓腦神經線路變得更有效能。而大腦中不同功能的發展依次為感官的視覺與聽覺、語言、高層次認知，腦的發展時間是先天基因決定的，但是早期的經驗決定

了神經通路的強與弱狀態,影響了後續的學習與行為(Gonzalez-Mena & Eyer, 2018; National Scientific Council on the Developing Child, 2007)。因此腦神經科學方面的研究給吾人的啟示是:嬰幼兒教育的投入是極為必要的。

其實像Bronfenbrenner(1979)的「生態系統論」所指,孩子是受到一系列巢狀結構的各層環境所影響,尤其是最裡層的老師或保母、父母的互動關係,以及幼兒園、家庭的連結關係,此也啟示吾人:老師、父母對嬰幼兒的發展扮演重要角色,園家與親師合作是萬分重要的(周淑惠,2006,2018a)。又如大家皆很熟悉的 Maslow「需求階層論」指出人類需求的階層攀升性,從最低層的生理需求、其次的安全需求、晉升到歸屬與愛的需求、自尊的需求、再到認知的需求、美的需求,以及最高的自我實現需求,可以充分解釋0~3歲嬰幼兒的需求行為,也啟示吾人:先要滿足嬰幼兒的基本需求,才可能有較高的認知學習。此外,Erikson 與 Frued 的理論對於嬰幼兒的理解也有幫助,Erikson 認為0~1歲嬰幼兒主要發展任務是建立對照顧者的信任,1~3歲主要發展任務是學習自理能力與自主性,因此啟示吾人:若這兩個階段發展不好,將導致對他人的不信任與對自己失去自信;而 Frued 指出0~1歲是口腔期,1~3歲是肛門期,也能解釋嬰幼兒明顯的行為特徵。總之,每一個理論對於嬰幼兒發展的理解,或多或少均有裨益。

一、Piaget 認知發展理論

Piaget 將認知發展分為四個階段:感覺動作期、前運思期、具體運思期與形式運思期,0~2歲嬰幼兒是處於感覺動作期(sensorimotor stage),2~6歲是處於前運思期(preoperational stage)。從字面會意,感覺動作期乃協調感官知覺與動作以探索外在環境的階段,是思考的開始(Gonzalez-Mena & Eyer, 2018),又可分為六個小階段(Berk, 2012; Gonzalez-Mena & Eyer, 2018),筆者整理如表 1-2-1。

表 1-2-1　感覺動作期嬰幼兒行為特徵與實例

年齡	感覺動作期行為	說明或實例
0～1 個月	• 反射、簡單的初生行為	• 哭、吸吮、抓
1～4 個月	• 精緻原有簡單行為，重複與結合他們 • 開始出現預期行為	• 伸展、抓握、吸手或手指頭 • 母親進入房間，飢餓的嬰兒停止哭泣
4～8 個月	• 重複因自己行動產生的有趣事件或效果 • 開始有限的模仿（熟悉的行為）	• 無意觸動小床的轉鈴，會注意並試圖讓它再發出聲音
8～12 個月	• 行為有意圖性：有意使某些事情發生 • 逐漸具有物體恆存概念但不完整 • 試圖改變預期中的事件 • 模仿與平日表現不同的行為	• 拉動玩具上的繩子使其靠近些 • 推開障礙物以找出玩具 • 媽媽穿鞋欲外出時，跟隨並哭泣企圖阻止 • 模仿他人敲擊湯碗、推拉玩具車等
12～18 個月	• 以物體做實驗以創造新的事件（重複變化的行為以探索或實驗）或解決問題 • 物體恆存概念趨於完整 • 模仿新穎的與更多的行為	• 如一顆球從桌上滾下會彈跳，那麼一本書會嗎？或以不同方式將球丟下樓梯 • 在多處地方搜尋以找出隱藏的物品 • 會扮鬼臉、在紙上塗鴉亂畫
18～24 個月	• 想像事件與解決問題（非嘗試錯誤法） • 物體恆存概念 • 透過心智組合來創造（開始出現假扮或象徵性遊戲） • 開始使用字詞	• 小車卡在牆邊，停頓一下後將車轉個方向 • 能找出離開視線時被移動的玩具 • 假裝丟球，並對教師或父母說：「這兒有球」 • 開始發出雙字句或多字句以表達所想

資料來源：整理自 Berk（2012）與 Gonzalez-Mena & Eyer（2018）。

　　從表中可以看出嬰幼兒頭兩年的發展是漸序的，其路徑是從無意識的反射動作，焦點在自己手腳的自娛階段開始；接著轉移至外在環境中的人事物，產生有意圖、模仿的行為，也開始用行動實驗以發現答案或解決問題；最後在感覺動作期結束時已經具有思考、解決問題與心理表徵的能力。所以嬰幼兒的學習是運用其自身感官在環境中探索的，即運用五種感覺——將物體放入口中品嚐、以眼光追隨人與物、用手腳與身體觸摸感受、以耳傾聽聲

音、以鼻嗅察氣味，運用這些感官，整個身體接收周遭世界的各種訊息（Bar-bre, 2017）。尤其在 8 個月左右開始會爬時，更充分利用身體動作連同其他感官，到處爬行探索，到了 1 歲左右開始可以行走時，更是暢然無阻的到處遊蕩。

而剛進入前運思期的 2～3 歲嬰幼兒，已經會使用語言與符號來表徵外在事物，但是顧名思義其運思或邏輯思考還未進入運思階段，是較為有限的，其特徵是：思考集於顯著向度無法協調各面向的焦點化（centering）、無法逆向思考（irreversibility）、注意最終靜止狀態而非中間轉換過程（state vs. transformation）（Ginsburg & Opper, 1988），如第一節所言，尚未有保留概念、具泛靈觀等。但是後來有些認知心理學家的實證研究推翻Piaget的看法，認為學前幼兒具有一些邏輯思考能力，例如已經能發明與學校正式演算程序不同的「非正式算術」（Baroody, 1987; Ginsburg, 1989）；甚至有一些學步兒與學前幼兒為了搞懂科學探究而展現推理技巧（Gopnik, 2012），能學習特定科學領域中的概念（Gelman & Brennenab, 2004）。似乎種種研究充分顯示，學前幼兒具有相當能力，不是沒有邏輯、知識的小人兒（柯華葳，1995）。

生物學者出身的Piaget認為，嬰幼兒的發展與學習還要透過同化（assimilation）與調適（accommodation）兩種心智上的互補功能而達成，以適應現實世界——將外在現實納入以符合內在的認知架構是同化，改變內在認知架構以符合外在現實則是調適（Ginsburg & Opper, 1988; Piaget, 1976）。例如嬰幼兒看到小而粗硬的高爾夫球時，將它納入現有「球是圓的」認知架構中，即是同化；可是有一天看到橢圓的橄欖球時，就必須修正「球是圓的」內在認知架構，以符合真實世界中球的樣貌，此即為調適，有如水中軟體動物為適應激流，長出另一隻腳附著於石頭上。就是在內在心智不斷同化與調適的動態歷程中，嬰幼兒持續的發展與學習，也就是說，幼兒有不矛盾自己的需求，會改變自己的認知基模，建構新看法以試圖消除矛盾狀態（Forman & Kaden, 1987）。簡言之，心智上的同化、調適是內在自我啟動、自我調節的歷程。

此外，Piaget 認為學習與發展也是自我建構的。他曾言，人類是靠對自己「操作行動」加以「省思」（to reflect on his own action）而學習的；了解一項東西是要去操作它並轉換它，兒童必須「變換」（transform）物體的狀態，並觀察、省思物體變換所引起的改變，才能獲得知識（Piaget, 1970, 1976）。例如兒童一定要親自以各種力道拍打過球，觀察球的不同彈跳高度，省思自己的施力度與球彈跳高度間的關係，才能體會「當自己愈用力拍時，球則彈得愈高」的道理。因此，幼兒藉由手動（動手操作、親身體驗）、心動（動心思考、解決問題），及他動（相關事物皆配合牽動，如球可自由取用、提供不同種類的球），以發現答案、解決問題或建構知識，就顯得相當重要（周淑惠，2017a，2018b）。

　　總之，根據 Piaget，0～3 歲嬰幼兒是透過感官與身體動作來探索周遭世界的，他的發展與學習是受內在激勵的，具自我調節性與自我建構性；即嬰幼兒是一個探索建構者，是一個能透過同化、調適解決認知衝突而學習的有機個體。而且其發展是漸進的，2 歲以上的幼兒已經會心理表徵，逐漸具有一些能力，雖然仍有些限制。因此鼓勵嬰幼兒在感官經驗豐富的安全環境中探索與建構，其認知與各方面方得以最佳成長。

二、Vygotsky 社會文化論

　　相對於 Piaget 認知發展理論強調孩童內在的心智自我建構，Vygotsky 則從整個社會文化的觀點來探討人類的發展與學習提出社會文化論（Socio-cultural Theory），認為人類心智生活是源於社會，知識與思考是根源於其社會文化，而高層次的心智功能源自於社會與社會互動的結果（Berk, 2001; Vygotsky, 1978）。也就是社會與社會文化強力影響人們的思考，我們的認知大多從家庭與社會文化的活動與經驗中萌發演化的（Berk & Winsler, 1995）。

舉例而言，中國社會特別著重與長輩及親屬的關係，所以我們的語文中，親屬稱謂特別多，如叔公、伯公、姑婆、嬸婆、姨婆、姑媽、姨媽、嬸母、小姑、小叔、表兄、堂妹等，但英文只用 brother-in-law、sister-in-law、mother-in-law、father-in-law 等含括相關稱謂。在我們的認知裡，孝順長輩並與親屬密切往來（俗稱走親戚），似乎是天經地義的事情，或是很多人從小均有跟父母同睡一床的經驗，甚至結婚另組家庭也還會與父母、親戚同住，這與在美國社會裡重視獨立自主——嬰兒從出生與父母分床獨睡、成年後與父母分居的狀況，是非常不同的。

Vygotsky 又提出「近側發展區」（Zone of Proximal Development，簡稱ZPD）的概念，係指孩童實際發展的心理層次與在他人協助下所表現的解決問題層次，兩者間的差距區域（Vygotsky, 1978, 1991）；每個人都存在著近側發展區，但是透過又稱之為共享理解的「交互主體性」（intersubjectivity）關係，成人適時搭建合宜的「鷹架」（scaffolding），可以協助孩子獲取新知能，促進其發展（Berk, 2001, 2012）。也就是 Vygotsky（1991）深信這近側發展區透過成人的引導或與能力較高的同儕合作，確實可以提高心智發展，即教學要針對未來，喚醒並激發正在成熟中的能力。而建築物鷹架的比喻則是 Wood、Bruner 與 Ross（1976）呼應 Vygotsky 理論所提出的，孩童被視為正在營建中的建築物，需要外圍鷹架（支架）支撐以順利建蓋。

生活中有許多照顧者或老師協助嬰幼兒的鷹架實例：在嬰幼兒學習自己吃飯時，老師用手握著孩子正在拿湯匙的手，協助他舀起碗裡食物並將湯匙靠近嘴巴外圍處，然後放手讓他自行送進嘴裡；當看見孩子將湯匙中的食物潑灑出去，老師就會用手協助他減少舀的分量，嘴裡並說著：「舀少一點就不會灑出來。」，然後又說：「嘴巴張開喔！」並握著嬰幼兒的手直到碰到他的嘴唇時才放手；最後孩子能手眼協調的舀取食物與餵入自己口中，這就是鷹架。基本上老師在當下並沒有直接餵他，是在旁邊陪伴與適當協助，並視嬰幼兒反應狀況調整協助的行動。

另一個例子是，當 9 個月大的嬰兒爬行到桌子下探索後坐了起來，發現頭頂住桌子無法從桌下出來，就哭叫著，老師蹲在旁邊安慰著說：「哎喲！頭卡到桌子好痛喔！還記得你剛剛是怎麼進去裡面的？」然後一面換成坐姿蹭動，一面說著：「你是用屁股坐著進去的嗎？」見孩子沒有反應，又說：「你坐著頭就會卡到上面的桌子喔！怎麼辦？怎麼辦？」一面用手摸著孩子的頭與頭頂，然後老師以爬行姿勢對著桌子底下的嬰兒看著並笑著，然後又坐起來，結果嬰兒就轉成爬行姿勢順利爬出來了。這位教師就是在幫嬰兒搭建鷹架，他沒有直接把嬰兒從桌底下抱出，替他解決問題，他先安慰他並用提問方式試圖引起其想起是以何種方式進入桌下；當嬰兒沒有回應時，就用手摸頭的部位與桌子試圖指出問題所在，然後更明顯提示——採用爬行姿勢對著嬰兒看與笑著。

　　因此從社會文化論角度，Vygotsky 認為社會互動是孩子發展與學習的必要條件，因為我們自小就生存於社會與社會文化之中，自然而且也必須跟社會中的人們互動；再加上近側發展區的存在，成人或照顧者給予其適當協助，可以幫助嬰幼兒發展新知能或解決問題能力。而隨著嬰幼兒語言能力增加，就愈能抓住他人意思、共享意義，即建立交互主體關係，提供創建另一近側發展區的平台，讓嬰幼兒更加向前發展（Berk, 2001, 2012），可以說語言是外在社會與個體內在心智的橋樑，是一項重要的心智工具；它對於個體心智之作用，正有如機械工具對於身體一般（Bodrova & Leong, 1996）。亦即社會文化論在教育上的運用有四：(1)強調知識是建構的；(2)重視社群共構；(3)提倡鷹架引導；(4)運用語文心智工具（周淑惠，2006，2017a，2018a，2018b），有如圖 1-2-1. 所示。

　　總之，在 Vygotsky 學派典範中，探究是獲得知識的一個中樞元素（Zuckerman, Chudinova, & Khavkin, 1998），雖然它強調的是「兒童與成人共同建構知識」，相對於 Piaget「建構論」之「兒童與環境互動之自我活躍的建構知識」（Fleer, 1993）。換句話說，Vygotsky 的社會文化論也同 Piaget 一樣，認為孩子會建構知識，但是是在整個社會文化中與人互動並在以語言為橋樑

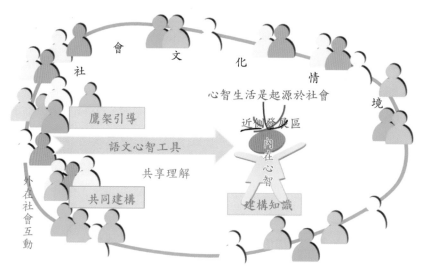

圖 1-2-1.　社會文化論在教育上運用圖示

的鷹架中學習與發展的。筆者以為兩個理論可以互補，Piaget 對嬰幼兒詳細的觀察研究，發現嬰幼兒是以感官及身體動作探索著世界，並透過內在同化與調適的作用，自我建構知能；而 Vygotsky 認為孩子發展與學習還必須透過社會互動、運用語言與鷹架協助的觀點，也十分珍貴，兩者對嬰幼兒的教保實務均很有啟發。

第二章

嬰幼兒教保實務

本章旨在依據前章嬰幼兒發展概況與方式，歸納嬰幼兒發展的特性，並據以提出嬰幼兒教保實務通則，以為任何教育之參照，故分兩節，第一節探討嬰幼兒的發展特性，第二節則歸納嬰幼兒教保實務通則，以供進一步探討嬰幼兒 STEM 教育的基礎。

第一節 嬰幼兒發展特性

綜合第一章嬰幼兒發展與學習方式、嬰幼兒發展的趨勢與里程碑，吾人可以歸納出幾項發展上的特性——漸續發展、需求亟待滿足、探索建構、全人發展、個別差異與文化情境性，以做為教保實務的依歸，茲說明如下。

一、漸續發展

嬰幼兒各領域發展是遵循一定路徑，漸進的、可加預測的，而且是基於前一階段的發展基礎。例如體能動作發展是由上而下（頭部至腳部）、由中而外（中心至外緣）、由大肌肉群到小肌肉群。語言發展是由無法會意、以情境中線索猜臆，到能會意狀態，並由無意義發聲、模仿的簡單發聲，進步至字詞逐漸加多、能造句的複雜表意境界。認知發展則是由完全沒有物體恆存概念、無意向行動，進步到具備完整物體恆存概念、以實驗驗證自己想法，並開始出現象徵性表達。至於社會發展一開始只和特定人物如照顧者建立依附關係，然後會對同儕表示興趣並偶爾出現給予同伴物品的行為，而其遊戲是從獨自遊戲發展至平行遊戲，再從聯合遊戲進步到合作遊戲、社會戲劇遊戲狀態。針對漸續發展性，托育中心教師在嬰幼兒每一個階段都要關注孩子的發展狀況，並且可依據發展的預測路線，為下一階段做好軟硬體環境上的準備，但也不能操之過急，揠苗助長。

二、需求亟待滿足

初生嬰兒前三年的發展需求與焦點是：出生至 9 個月的尋求心理安全感和信任感、8～18 個月會行動嬰兒的熱切投入探索、16～36 個月學步兒的持續尋求自我認同（Copple & Bredekamp, 2009; Copple, Bredekamp, Koralek, & Charner, 2013）。每個階段都有需求亟待滿足，也建立在前一階段需求滿足與發展之上。不會自行移動身體的小嬰兒，滿足生理與心理需求特別迫切，

例如肚子餓了要人餵，尿布濕了要人換，寂寞、害怕時要人撫慰，尋求安全與信任感是發展上的焦點。8 個月後能爬行、走的嬰幼兒，就開始運用多元感官與肢體到處遊蕩、探索周遭世界，如敲、打、丟、推、抓、攜帶玩具走著、玩著，理解世界與建構知識是發展上的主要任務。而約 1 歲半後的嬰幼兒仍舊持續尋求安全感與熱切於探索，但是此時主要焦點在於表達想法，積極尋求自我認同，如「不要！」「我的！」「我要！」，所以針對嬰幼兒各階段的焦點需求予以滿足，對其發展是很重要的，例如托育中心教師迅速與溫暖的回應嬰幼兒的生、心理需求，建立親密的互動關係，並提供學步兒安全暨豐富的戶內外環境，滿足其渴望探索的需求。

三、探索建構

雖然在 3 歲前每階段都有其主要的需求或發展任務，但是尋求安全感與探索的基本需求仍然在每個階段持續著。事實上，出生沒多久還不會自行移動身體的小嬰兒就會開始探索這個世界，從顯示對周遭人物的興趣開始，藉著感官與日益萌發的體能動作，如踢、伸手、將物品放入口中、抓握、拉與放手、對照顧者咕咕發聲等探索周遭物體與人。而會移動身體的小嬰兒等於開啟了新世界，上下爬著、走著、用手抓物與放入嘴裡，並且以行動或實驗驗證其想法，探索著每一樣事物，有如小小科學家般。1 歲半後隨著肢體能力愈佳，探索慾望持續高漲，尤其 2 歲半至 3 歲是好奇時期，喜歡問為什麼，十足的好奇寶寶，例如「貓咪為什麼躲起來？」「爸爸為什麼要上班班？」「太陽為什麼會下山？」等，總有問不完的問題，而且一路追問下去，並用行動一窺究竟或試圖發現答案。所以為嬰幼兒準備安全、豐富可探索的環境，顯得相當重要。

四、全人發展

從發展的角度而言，嬰幼兒各領域的發展是相互關聯的，正如同筆者在分類里程碑文件所載行為時，發現有些行為可同時歸類於二或三個發展領域

般。身、心、靈發展相互影響與作用的實例甚多，以大肢體動作的發展為例，嬰幼兒就是透過能翻身、坐起、爬行與走路的身體移動，逐漸擴大探索的範圍並理解其世界，如果身體動作發展遲緩無法於預定期間自行移動、到處探索，勢必會折損認知發展。再如，如果嬰幼兒的感官有受損或障礙，如聽障或視障，在探索環境與學習時，極可能會緩阻他的認知發展。又如果語言發展遲緩，無法理解、表意或跟他人口語互動，在遊戲中可能就不受同儕歡迎，進而影響社會性發展。誠如美國發展中兒童國家科學協會指出，在幼年階段萌發的情緒、體能健康、社會技巧，與認知語文能力，對後續在學校、工作場所及社會中的成功表現，都是很重要的先決條件（National Scientific Council on the Developing Child, 2007），啟示吾人關注嬰幼兒發展的必要性，而且也強調均衡發展的重要。所以教保實務應著重嬰幼兒全人發展，不能僅側重於某一個領域，例如許多家長從嬰兒時期就怕子女輸在起跑點上，拼命的灌輸填塞，如以字卡認字、背誦詩詞等，過分著重認知領域，其實是錯誤的。

　　嬰幼兒發展除以上四項特性外，尚有「文化情境性」與「個別差異性」。根據美國 NAEYC 的《合宜發展的實務——出生至 8 歲的幼兒教育》（Copple & Bredekamp, 2009）以及《合宜發展的實務——聚焦嬰兒與學步兒》（*Developmentally Appropriate Practice: Focus on Infants and Toddlers*）（Copple, Bredekamp, Koralek, & Charner, 2013）兩本書中所提出的「合宜發展的實務」，其三項核心考量除了第一項熟諳孩子的發展與學習外，還要知道什麼是個別合宜，即尊重孩子是一個具「個別差異性」的個體；既然每個嬰幼兒都是獨特的，有其發展上的差異性，身為照顧者要尊重嬰幼兒的差異性，提供合宜的教保服務。第三項核心考量是知道什麼是文化上的重要事項，筆者將其稱之為「文化情境性」，係指我們的認知與思考深受社會文化與社會互動的影響，此乃基於上述之 Vygotsky 社會文化論；身為嬰幼兒照護者一定要了解孩子的家庭背景、期望與價值，為每位孩子形塑有意義與尊重的學習經驗。

第二節　嬰幼兒教保實務通則

　　以上所歸納的幾個嬰幼兒的發展特性，可做為思考教保實務的依據，例如在照護嬰幼兒時要與其親密互動，回應嬰幼兒各種需求，並根據可預期的發展路線，提供軟硬體環境上的支持，以激發身心綻放。此外，教保目標應著重全人均衡的發展，不能僅側重於某一個領域，教保活動必須呈現具體事物或是提供大量經驗。另外，身為嬰幼兒照護者，一定要尊重孩子的個別差異性，以及了解孩子的家庭背景與期望等。為期更為周全，本節亦綜述教保相關文獻，並綜合提出嬰幼兒教保實務的通則。

一、文獻綜述——教保實務通則

　　首先，在美國 NAEYC《合宜發展的實務——聚焦嬰兒與學步兒》一書中，對於嬰幼兒，除提出知悉孩子發展與學習、個別合宜與文化合宜三項核心考量外，還提出專業工作的輔導原則（Copple, Bredekamp, Koralek, & Charner, 2013）：

(1) 了解多元影響情境下的嬰幼兒。

(2) 尊重與支持孩童與其家庭。

(3) 在照顧孩童時與其家庭充分合作有如夥伴。

(4) 投入於關照文化的照顧中。

(5) 尊重兒童的權利。

(6) 整個情境均投入於關愛與支持性的關係中。

(7) 迅速與敏銳的回應孩童。

　　更具體的是，此書還提出對嬰幼兒特別重要的七個合宜發展實務面向，並以對照方式說明合宜的與不合宜的實務——照顧者與孩子間的關係、環境、探索與遊戲、時間作息安排、日常生活保育、與家庭的對等互惠關係、

行政政策。這七項合宜發展實務與當前研究結果相當一致，同時也是在此專業裡最被認同可促進孩子最佳發展與學習的嬰幼兒教保實務。

以下簡列嬰幼兒各面向的合宜發展實務：

(1) 照顧者與孩子間的關係：實施主要照顧者制度、持續性照顧、尊重嬰幼兒是一個個體、及時與溫柔的回應其需求、教師與嬰幼兒間經常肢體接觸，經常對話與互動如唸讀繪本與唱謠以維持親密的關係。

(2) 環境：充滿感官經驗且有趣的嬰幼兒可自由移動之戶內外遊戲區角空間。

(3) 探索與遊戲：重視遊戲的發展、具有可操作與探索的玩教具、開架陳列玩教具並容許自由取用。

(4) 時間作息安排：具有可預測的時間安排但保有彈性、容許孩子以自己速度進行活動、規劃戶外與自然環境接觸的經驗等。

(5) 日常生活保育：尿布、用餐與睡眠區域分開且是衛生的，日常生活保育如吃、睡、如廁、穿衣等也是學習具教育性，保育工作進行時照顧者應向嬰幼兒解釋發生什麼事，讓他參與其內，感受愉快的經驗，協助其走向生活自理境界。

(6) 與家庭的對等互惠關係：尊重文化與家庭差異，讓父母覺得受歡迎並與其交換教保資訊，雙方成為夥伴，讓孩子得到最佳發展。

(7) 行政政策：注重環境與保育實務的健康安全、職工持續進修成長、合理的成人與小孩比例等。

其次，澳洲政府社會服務處針對0～5歲的《歸屬、現狀和形成──澳洲兒童早期學習框架》，提出五個教學原則（Commonwealth of Australia, 2009: 12-13）：

(1) 安心、尊重的與平等互惠的關係。

(2) 與孩子的家庭維繫夥伴關係。

(3) 持高度期望並公平的對待所有孩童。

(4) 尊重多元背景。

(5) 發展學習社群持續與孩子一起學習並省思實務。

基於以上教學原則，《歸屬、現狀和形成——澳洲兒童早期學習框架》文件還提出基本的教學策略八項（Commonwealth of Australia, 2009: 14-18）：

(1) 採用完整的教學方法，包括意識孩子的身心靈是連結的、學習是統整的，認識孩子與家庭社區是連結的、以及平等互惠關係與學習夥伴關係的重要性等。

(2) 回應孩子的優點、能力、興趣、文化傳統、想法與遊戲等。

(3) 透過遊戲並採用多元策略支持孩子的學習，透過日常作息與遊戲去建立與嬰幼兒間的依附關係。

(4) 實施有意圖的教學，學習發生在社會情境，對話與互動對學習很重要，透過鷹架策略去延伸孩子的思考與學習。

(5) 創設對孩子學習有正向影響的學習環境，戶內外環境具有吸引力，能回應孩子的興趣與需求。

(6) 珍視孩子的家庭與社會文化情境，促進孩子的文化能力，因為文化背景對孩子現在歸屬與將來發展是很重要的。

(7) 學習與不同情境間要持續銜接，如家庭、幼兒機構與學校等要彼此合作幫助孩子轉銜。

(8) 蒐集與分析孩子已經知道、可以做與理解的資訊，是持續循環的學習評量，包括計畫、文檔紀錄與其他評量方式等，以支持孩子達到學習成果。

又英國教育部的《幼年基礎階段法定框架：出生至 5 歲孩童的學習、發展與照顧標準》（*Statutory Framework for the Early Years Foundation Stage: Setting the Standards for Learning, Development, and Care for Children from Birth to Five*），提出四項指導幼教實務的總體原則：(1)每一個小孩是獨特的，是樂於學習、能幹、自信的；(2)孩子透過正向關係學習強壯與獨立；(3)孩子學習

與發展是在一個賦與能力的環境，是回應其個別需求的環境，以及與父母與照顧者間建立夥伴關係的環境；(4)孩子以不同速率及方式發展與學習（Department for Education of England, 2017: 6）。在此英國國家文件中還明白指出，有效的教與學之三個特徵是：(1)遊戲與探索——孩子探查與體驗事物、試試看；(2)積極學習——如果遭遇困難，孩子會專注與持續的嘗試，並享受成就感；(3)創造與批判性思考——孩子擁有並發展自己的想法、連結不同的想法與發展操作事物的策略（Department for Education of England, 2017: 10）。

英國學者 Ann Clare 將其深度觀察十多位嬰幼兒的托育經驗發表在《嬰幼兒教保環境與互動實務》（*Creating a Learning Environment for Babies and Toddlers*）（周淑惠譯，2014）一書中，該書的學習環境其實是廣義的，包含「情緒環境」、「實體環境」與「創意環境」（課程）。她認為環境必須能滋養培育嬰幼兒：形成依附關係讓其感到安全與安心，並讓嬰幼兒有機會與其個人經驗連結；即嬰幼兒的環境不應僅是潔淨與美觀的，它們應該是探索、興奮，以及最重要的，是愛的地方。也就是 Clare 非常強調情緒上的環境，而創設情緒環境係指透過互動建立依附關係，讓嬰幼兒倍感幸福安和。茲將 Clare 創設三種環境的具體策略整理成表 2-2-1。

《嬰兒、學步兒與保母照顧者：以 3R（尊重、回應與關係）為基礎的教保課程》（*Infants, Toddlers, and Caregivers: A Curriculum of Respectful, Responsive, Relationship-Based Care and Education*）提出一個以 3R 互動為基礎的教保課程，這 3R 是尊重的（respectful）、回應的（responsive）與對等的（reciprocal）；並且提出基於尊重理念的十項教保原則，筆者認為這十項原則符合 NAEYC 發展合宜的幼教實務（Gonzalez-Mena & Eyer, 2018: 5-6）：

(1) 讓嬰幼兒共同參與與他們有關的保育事務，非以玩具讓其分心使保育工作（如換尿布）迅速做完。

(2) 投入有品質的相處時間。

(3) 學習每個孩子的獨特溝通方式並教導你想教的。

表 2-2-1　Clare 創設情緒、實體與創意環境的具體策略

情緒環境	實體環境	創意環境
建立成人與嬰兒間的關係：對話、眼神與肢體接觸、回應等（依附感與如家氛圍）	具豐富多元的挑戰性資源（如：書、拼圖、建構、感官材料探索、扮演材料等）	支持自由探索活動，反對成人主導的活動
建立主要照顧者制度	具戶外空間（如無，盡量去周遭公園；嬰兒房盡量有露台、陽台，讓嬰兒有遊戲機會）	運用媒材如蠟筆、水彩、剪刀、字詞、聲音、動作、道具，與鼓勵假扮遊戲，以創意製作及轉化事物
與家長建立夥伴關係	建立如家的環境（如：具有大沙發可蜷曲依偎、低矮窗戶看窗外、水槽與大桌、吃飯時大家圍圈互動等，並混齡如家彼此互搭鷹架）	各領域活動均衡：嘗試音樂性活動，如操作樂器
獲取影響孩子的廣泛資訊		針對嬰兒需求設計活動：如因應包圍、覆蓋需求的活動
拍攝孩子生命中重要的人事時地物成冊放置於中心，並可持續添加		定時接觸戶外、自然環境
藉觀察量表以了解孩子幸福安和感及參與投入資料		適度接觸科技，從中玩創意

資料來源：整理自周淑惠譯（2014）。

(4) 投入時間與精力去培養一完整個體，不要只注意認知發展。

(5) 尊重嬰幼兒是有價值的人，不要待他們像物體一樣或可加擺佈的無法思考小人。

(6) 誠實表達你的感覺。

(7) 示範你所想教的行為，不要說教。

(8) 意識問題就是學習的機會，試著讓嬰幼兒解決他們自己的問題或搭鷹架幫助。

(9) 建立可預測安心的環境，如作息與行為，以教導信任。

(10) 關心每個發展階段的品質而不催促。

在《嬰兒、學步兒發展與回應性教保計畫：關係取向》（*Infant and Toddler Development and Responsive Program Planning: A Relationship-Based Approach*）書中，提出「以關係為基礎」的課程與教保實務，認為正向關係對嬰幼兒很重要，因為他們是透過關係而學習的。嬰幼兒處於一個關係網絡中：母—嬰、父—子、父—母、母—奶奶、父—鄰居、母—雇用者等，這些關係相互影響，也會影響孩子的幸福；此外包含文化與社區的環境和孩子的個人特質，也會影響孩子所經驗的關係。又此書也提出 3R 的管教方式——尊重（respect）、反思（reflect）與關聯（relate）。因此在嬰幼兒托育機構中運用以關係為基礎的教保實務，必須做到以下幾點（Wittmer & Peterson, 2018: 23）：

(1) 回應與敏銳的互動。

(2) 安全與令人興奮的學習環境。

(3) 小組活動。

(4) 主要照顧者制度與照護的持續性。

而為創設一個以關係為基礎的教保實務，嬰幼兒教師有八項責任（Wittmer & Peterson, 2018: 306）：

(1) 發展以關係為基礎的實務根基。

(2) 調整教保實務以強化關係的重要性與建立，如提供主要照顧者制度與照護的持續性，照顧孩子的生理需求，提供回應與對等互動，照顧孩子的情緒與社會需求等。

(3) 與家庭、文化和社區建立關愛與回應的關係。

(4) 運用一個回應的計畫程序——即每日都要經營關係以促進個別孩子的發展。

(5) 創設日常作息、照護、遊戲、學習與關係的環境。

(6) 建立一個彈性、回應的日常作息。

(7) 提供個別化、文化及年齡合宜的玩教具與機會。

(8) 運用以關係為基礎的方式去輔導家庭與職工。

除以上文獻外，其實托育中心評鑑標準中的指標，也可看出托育實務的重點工作，例如有名的《嬰幼兒托育環境評量表》（Infant/Toddler Environment Rating Scale, ITERS-R）（Harms, Cryer, & Clifford, 2006），是針對出生至 30 個月機構式托育環境的評量工具，它的內涵包括：空間與設備、日常例行照顧工作、傾聽與交談、學習活動、互動、課程結構、家長與教職員幾個方面，顯示以上幾項工作對托育機構的重要性。整個評量表命名為環境評量表，其實也與上述 Clare 觀點相同，將環境視為在托育情境中，可以提升嬰幼兒發展與學習的「廣義」環境，包括空間、互動與課程及活動等。筆者以為嬰幼兒階段是正式語言發展的關鍵時期，因此本評量工具在課程與活動外特別加入傾聽與交談。

台灣衛生福利部社會及家庭署的「托嬰中心評鑑作業規範參考範例」亦可窺知良好托育品質的要素。它共分三大評鑑範疇：(1)行政管理；(2)托育活動；(3)衛生保健。每個評鑑範疇又有數個評鑑項目，除行政管理共 11 個項目外，托育活動與衛生保健均有 12 個評鑑項目；而在各個項目之下，又有更細微的評鑑指標（表 2-2-2）。基本上，行政管理評鑑範疇是針對托育活動與衛生保健的制度與管理；托育活動範疇的評鑑項目大致包含環境與設備部分、照護與托育活動、親職教育等；衛生保健範疇的評鑑項目目的在評估健康、安全與衛生，包括相關知能、環境與設備面向（https://www.sfaa.gov.tw/SFAA/Pages/Detail.aspx?nodeid=723&pid =4667）。

表 2-2-2　台灣托嬰中心評鑑指標

序號	行政管理	托育活動	衛生保健
1.	依法行政	嬰幼兒活動空間	健康檢查與記錄
2.	人員資格	環境維護	健康知能及意外處理
3.	文書處理	照護設施	食物品質與衛生
4.	人事制度與人員管理	托育環境布置	餐飲備製衛生
5.	總務與財務管理	日常照護	餐飲調製設備
6.	托育品質之提升	傾聽與說話	嬰幼兒餐具
7.	托育行政	嬰幼兒托育設備與材料	機構整體環境與設備
8.	配合兒童福利工作	嬰幼兒托育活動的實施	浴廁設備
9.	家長服務	托育專業態度	寢具
10.	機構自述特色	親職教育	環境安全
11.	營運特色	和諧互助的專業團隊	保健設備
12.		托嬰中心托育活動特色	托嬰中心衛生保健特色

資料來源：台灣衛生福利部社會及家庭署（2018b）。

🔍 二、本書歸納──教保實務通則

　　綜合以上文獻之教保原則或重點，以及前述嬰幼兒發展特性之啟示──漸續發展、需求亟待滿足、遊戲探究、全人發展、文化情境與個別差異性，筆者提出以下幾項嬰幼兒教保實務通則，如表 2-2-3 所示。

（一）教保目標──全人發展

　　從腦神經科學的角度言，人的腦部是高度相互關聯的器官，它的多元功能是以相當協調的方式而運作的。更明白的說，在人的一生歷程中，認知、情緒與社會能力是必然的交織糾纏，情緒上安和與社會能力提供認知的一個有力基礎，同時他們也共同形成人類其他發展的根基（National Scientific Council on the Developing Child, 2007）。換言之，如前從嬰幼兒發展角度所歸納之發展特性──全人發展，嬰幼兒的各領域發展是彼此關聯且統合的，幼

表 2-2-3　嬰幼兒教保實務通則

教保目標	• 全人發展
教保內容	• 日常保育即課程 　• 讓嬰幼兒參與保育 　• 迅速以愛回應需求 　• 作息可預期與彈性 • 遊戲探索即課程
教保方法	• 持續照顧 • 親密互動（小組、個別） • 優化環境 　• 美感 　• 如家般溫馨 　• 安全、健康 　• 內涵豐富可探索 • 鷹架引導
教保評量	• 每日記錄 • 定期蒐集資料、分析與比較
與家庭合作 夥伴關係	• 每日口語交換訊息與記錄聯絡本 • 協助孩子轉銜 　• 入學前蒐集孩子重要訊息、拍攝孩子環境中重要照片 　• 讓孩子在開學前訪問與熟悉托育中心 • 定期提供學習與發展紀錄 • 溝通教保實務與雙方期望

兒時期各方面健全發展都可能是未來成功的必要條件，身心靈均健全是教保實務之最高指導原則。

　　一般人常有迷思，認為嬰兒一哭就抱會寵壞他，其實是錯誤的，嬰幼兒時期建立依附關係，使其在情緒與心理上具有安全與信任感，是未來發展與學習的跳板；又千萬不要只側重認知甚至低層次認知（讀寫算技能），每一個發展領域都很重要且交相作用。特別是很多托育機構教師與家長非常輕忽體能的重要性，或是過分保護，下雨或太冷不外出，一點危險就大驚小怪，其實「以最小的危險學習最大的安全意識」是筆者非常重視的教保實務；殊

不知身體屢弱或有羔疾，就可能無法思考與學習，直接影響認知發展，甚至引發負面情緒進而影響人際互動，環環相扣。總之，嬰幼兒均衡發展是身為0～3歲教師在教保上的不二法則，而了解嬰幼兒的各方面發展與特性，則為先決條件。

（二）教保內容——保育與遊戲均為課程

1.日常保育即課程

「日常保育即課程」係指日常保育事項如吃飯、睡覺、洗手、換尿布或如廁等，就是教育的時刻。日常保育的作息事項是最好的一對一互動時間，教師要尋求嬰兒的注意與合作（Copple & Bredekamp, 2009; Copple, Bredekamp, Koralek, & Charner, 2013），讓嬰兒參與其中，實現教保合一，而非置身事外（Gonzalez-Mena & Eyer, 2018）。例如，換尿布時成人溫和親切的與嬰兒對話，告知即將發生之事：為其擦拭、清洗、護理、穿上尿布，使其感到舒服（而非教師為求快速完成工作，於是以玩具塞入孩子手中，使其分心不搗蛋）。此舉一方面讓嬰幼兒知道清潔衛生很重要，一方面也讓語言正在發展的嬰幼兒實際體會語言溝通，更重要的是透過親密互動建立彼此關係，並且養成與成人合作的習慣。再如在1歲多的嬰幼兒吃飯前，教師播放音樂請其排隊並協助洗手擦拭，接著吃飯時盡量讓孩子自己動手吃，但是在旁陪伴隨時提供必要的協助，並且輕聲互動與誇讚，讓嬰幼兒在愉悅氛圍中，養成健康習慣與學到生活自理技巧（如圖2-2-1a.至2-2-1d.）。

「日常保育即課程」除讓嬰幼兒參與其中落實教保合一外，最重要的是托育中心教師能迅速以關愛回應需求，讓嬰幼兒在彼此愉快互動中滿足生理與心理需要，感到舒適、安全與信任。熟練的托育中心教師都能分辨出嬰兒的哭聲、表情與姿勢是餓了？尿布濕了？或寂寞沒人理？當然托育中心教師一定要懷有愛心，尊重嬰幼兒是個個體，才能敏銳細心的即時滿足其需求（如圖2-2-2.）。筆者在訪視托育中心時，有時見到教師對待嬰幼兒像物品

圖 2-2-1a.　保育即課程——吃飯前洗手

圖 2-2-1b.　保育即課程——吃飯

圖 2-2-1c.　保育即課程——吃飯

圖 2-2-1d.　保育即課程——吃飯

般的擺弄搬動，一方面毫無事先告知，一方面面無表情且動作粗魯，很為嬰
幼兒感到難過。此外，擁有可預期的日常作息並保有適度彈性，讓嬰幼兒在
可預測的作息環境中建立安全、秩序與信任感，也是讓「日常保育即課程」
能落實的重要因素。

圖 2-2-2.　關愛嬰幼兒

2. 遊戲探索即課程

　　一般人認為 2 歲以前的嬰幼兒就是吃、喝、拉、撒、睡，只要保育做得好就行了，其實不僅保育包含教育，宜體現教保合一精神，而且嬰幼兒的遊戲探索也是教育與課程的內涵。因為孩子是從遊戲、探索中認識世界，並建構對世界的理解，嬰幼兒從玩自己的手腳開始，當會翻身、爬、走時，可以遊戲與探索的範疇愈來愈寬廣，生活中的人、事、物等均是他可以遊戲、探索的內涵。如環境中的區角、區角中的玩教具與繪本、戶外大型遊具、自然植栽、落葉與果子等都是；甚至教師身上的衣飾鈕釦、洗手時的水與肥皂泡泡、吃飯時的米飯與紅蘿蔔、門上的旋轉把手等也是。此外，成人開啟的遊戲活動如手指謠、躲貓貓遊戲、丟接球遊戲等也都屬之。重要的是，嬰幼兒的遊戲與探索是交織相融的，在遊戲中探索著，也在探索中遊戲著。不僅在發展與學習上是利多的，如發現與建構知識、促進各領域發展，而且提供創造力發展的重要平台（參見第四章第二節）。

（三）教保方法——透過持續照顧、親密互動、
　　　優化環境與鷹架引導

1. 持續照顧

　　嬰幼兒的教保內涵既是以保育與遊戲探索為核心，所以持續性的照顧並建立親密互動關係很是重要，而持續性照顧是建立親密關係的前提。持續照顧意指施以保教的教師是維持一段期間，且基本上是同一個老師持續的照顧，也就是嬰幼兒的所有教保工作主要是由某一位教師負責，即「主要照顧者制度」，例如前所提及英國教育部的《幼年基礎階段法定框架：出生至 5 歲孩童的學習、發展與照顧標準》就明白指出，每個孩子要指定一位主要照顧者，他們的角色是確保每位孩童的照顧符合其個別需求；而且持續照護一段時間，好讓依附關係產生。它有別於嬰幼兒的餵食由一人負責、換尿布一人負責、哄睡一人負責，將教保工作支離碎分，孩子無法與特定教師建立親密關係（Department for Education of England, 2017）。

　　又很多托育中心半年就分班一次，孩子與老師間經常尚未建立好關係就要彼此分離，到新環境重新適應，情緒上一直處於不安全的狀態，無法安穩平和，這也是無法與老師建立親密關係的主因。其實混齡托育是一種解套方式，就如同在家與兄弟姊妹一起成長相處般，嬰幼兒就不會一直經歷成長換班、重新適應的痛苦經驗，而且也可發揮同儕鷹架的效用，小的嬰幼兒受到較大年齡幼兒的鷹架協助，大的幼兒也倍感自信與能幹，不過需要教師的協助與示範，方能奏效。

2. 親密互動

　　持續性教保是建立親密關係的前提，與嬰幼兒親密互動並建立依附關係後，他才能安心的向外探索周遭世界，誠如 Copple 和 Bredekamp（2009）所言：與可信任成人的強烈、愛的關係，提供了嬰幼兒探索世界的安全堡壘。親密互動係指能敏銳與溫暖的回應嬰幼兒需求，以肢體撫慰或眼神接觸與其

對話，讓嬰幼兒感受安全、信任與幸福安和感，此即 Clare 非常看重的「情緒性環境」（周淑惠譯，2014），也是美國 NAEYC《合宜發展的實務——聚焦嬰兒與學步兒》一書中，所主張的溫暖與關懷的回應需求與互動（Copple, Bredekamp, Koralek, & Charner, 2013）。而親密互動比較容易發生在小組活動或個別活動時間，例如，老師和兩、三個幼兒依偎著唸讀繪本、唱手指謠等。因此托育中心的老師要多安排小組與個別活動，盡量以這兩種型態的活動為主。

親密互動的關係不僅獲取嬰幼兒的信任，也才能了解其需求，即時給予協助或鷹架。例如2、3歲正在尋求獨立自主、自我認同的幼兒，一聽到可以出去戶外玩，就想急速爭著出去，老師意識到孩子的急切心情，為了防止推擠現象，也為了建立常規，及時給予清楚的規則與限制：「還記得出去玩我們的規則是排隊、一個個走出去！」並且伴隨解釋：「你推人家，他會跌倒，會很痛的」、「大家都擠在門口要出去，就堵住了！」溫和而堅定的重述著規則「排隊、一個個走出去！」協助幼兒遵守。通常在有親密互動關係的老師堅持下，嬰幼兒會遵守規則的。

3. 優化環境

整體而言，做為嬰幼兒的第二個家，托育中心的環境宜「具美感如家般溫馨」，讓幼兒喜歡待在托育中心。美感係指各環境要素間無論是建物或家具的形體、色彩、質感與構造等，呈現出和諧關係（劉育東，1997）；如家般溫馨的環境除建立親密互動關係有如家庭外，還要具有健康、安全且豐富內涵的「可供探索」的優化環境。因為尋求安全感與探索建構是0～3歲嬰幼兒最顯著的需求，而且嬰幼兒是透過遊戲、探索而發展與學習的，因此健康、安全與豐富可探索的環境就顯得相當重要。

嬰幼兒時期身心各方面快速成長，特別需要的環境是衛生、健康與安全的，讓其免於患病與受傷之虞，得以健康的成長發育。例如托育中心入口的防疫措施、玩教具每日清洗殺菌、護理台與廁所的衛生消毒、危險藥品遠離

嬰幼兒、插頭蓋上保護蓋等。其次，吾人也要求整體托育中心的室、內外環境是具有多元區角，如玩具建構區、藝術美勞區、圖書繪本區、心情轉換區、植栽草坪區、大型遊戲結構區等；以及具有類別與領域多元的玩教具、美勞藝術材料、繪本、體能遊具、回收物、自然物等，以供嬰幼兒探索與建構，甚而是開放性較高的教具，讓幼兒可以創意變化，因此豐富室內外環境也成為托育中心教師的重要工作。

4. 鷹架引導

　　孩子是漸續發展的，誠如第一章 Vygotsky 理論所指，其發展與學習必須透過社會互動、運用語言與鷹架協助，所以托育中心教師要熟知嬰幼兒的發展知識。無論是日常保育活動的餵食、洗手、穿衣、如廁與一些生活自理技能，還是遊戲探索中所遇到的任何問題，或是發展上的階段特性與行為表現，都需要教保人員在旁以口語互動、動作等加以協助。筆者以為只要是能常互動建立親密的關係，就容易達到 Vygotsky 所謂的交互主體性關係，有助於鷹架引導發生作用。舉例而言，在 1 歲半到 2 歲的雙字句、多字句或命名期，應多和幼兒互動對話，滿足其知道事物名稱的需求，增加語彙並且協助其進入造句期（文法期）；例如讀完繪本故事後，孩子說出幾個字試圖表達故事內容，老師可複述與接龍幫其增加一些字彙或延伸其意。又這個階段的嬰幼兒已經能走得很穩了，開始可以扶著樓梯上下，活動室可擺放小型階梯裝置或體能遊具，讓幼兒有機會在老師鷹架下牽著上樓梯，或在老師鼓勵與誇讚下扶著自行上階梯。

（四）教保評量

　　定期記錄孩子發展與學習狀況，例如教師聯絡本記錄保育、遊戲與探索狀況，讓家長了解每日在中心的情形，也是老師了解與進一步分析孩子進步的依據。此外，可以定期的記錄孩子目前所知與可做到的能力，並且加以分析與比較前後進步情形，其形式可以是佚事紀錄、照片、影片、孩子作品、

文檔紀錄等，然後提供父母參考，也可做為教師自己對孩子保育與教育的改進參考。

（五）與家庭夥伴合作關係

孩子來自於家庭，身受家庭的影響，與家庭建立合作的夥伴關係對嬰幼兒教保很重要，因此，每日除了以書面方式記錄聯絡本外，早晚接送見面時以口語交換在家與在中心的所有資訊，也是必要的，尤其是分享孩子的發展成就或新學到的小技能。甚至孩子進入托育中心前就可向父母了解孩子的重要訊息，如喝奶習慣、如廁狀況、睡覺習慣、過敏物、喜歡的玩具、喜歡吃的副食品、喜歡聽的音樂、與家人關係等，或是讓孩子於開學前至托育中心訪問，或者是拍攝孩子生活環境中的重要照片帶來中心等，以上這些做法都是在讓教師更加了解孩子，幫助孩子順利的從家裡轉銜到學校情境。此外，定期提供孩子在中心的學習與發展紀錄也很重要，讓父母感受托育中心老師的用心，更能與老師合作無間等。

當然每個家庭有其文化背景，尊重家庭文化差異，溝通彼此想法，努力維繫關係，讓家長感到是受到歡迎的，特別重要。尤其在1歲半到3歲建立常規時，家庭與托育中心必須秉持一致的做法，若對某項常規持有不同看法與做法，孩子一定會無所適從無法養成習慣。因此，老師需就常規部分與家長溝通想法與做法，傾聽家長意見，期能達成理解與平衡點，才能實現優質教保。此外，如廁訓練與生活自理能力的訓練（如穿鞋、穿衣、吃飯等）也是要托育中心與家庭共同合作的，否則兩方要求不一致，孩子永遠都無法進步。

以上教保目標、內容、方法、評量及與家庭合夥關係五點，是依據嬰幼兒發展趨勢及特性與相關文獻而歸納的教保原則。當然還有其他更為基本的原則，例如教師要能持續的進行專業成長，而且要能省思自己的教保實務，以尋求進步的空間。更重要的是，嬰幼兒比例與老師的比例要維持在低比例，一般國家是3～5：1，筆者以為1歲以下最好是3：1，1～2歲為4或5：

1，較能提供高品質的教保服務。若能做到這些基本原則與五項一般教保原則，即已走在高品質托育之路。

第三章

STEM 教育與嬰幼兒

本章旨在闡論：當前各國熱衷的教育政策 STEM 究竟是什麼？及其與嬰幼兒的關係為何？即嬰幼兒 STEM 教育的合宜性與實施之教保基礎。第一節簡要介紹 STEM 教育的由來與意涵，揭露其核心特性——探究；第二節則基於吾人對嬰幼兒特性的認識，特別是好奇天性與感官探索，以及其他重要考量，呼籲在嬰幼兒時期即展開 STEM 教育，並提出實施嬰幼兒 STEM 教育的兩項重要教保實務基礎。

第一節　STEM 教育

　　當代與未來是人工智能當道的社會，許多工作已被或將會被人工智能或機器人取代，如現在就存在的無人超市、無人駕駛公車、同聲翻譯機、百貨公司門市機器人服務、智慧城市、智慧公路、金融類的APP服務業等，將來一定更為精進與更加劇烈變化，造成職業大洗牌與大量失業狀態。例如工廠生產線原來有好幾百位員工，在智能化後，只要數名控制人員就能從原料、生產、包裝到出貨一體作業。再者，就業市場增加愈來愈多STEM相關的工作，STEM素養成為職場上的必備條件，職是之故，為因應此一人工智能的潮流趨勢與增進國家的競爭力，近年來STEM教育的呼籲甚囂塵上，各國政府均磨拳擦掌，投入大量財政經費，頒布相關教育政策，期能培育具STEM素養的未來公民。

　　例如美國是最早提出STEM教育政策的，早在歐巴馬總統時代就投入大筆經費於STEM教育，培養諸多的STEM教師，如《教育創新計畫》編列26億美元以培訓數萬名STEM教師（The White House, Office of the Press Secretary, 2009）；2013年美國國家研究委員會（National Research Council, NRC, 2013）頒布《下一世代科學教育標準》（*Next Generation Science Standards, NGSS*），將工程設計思維等納入科學教育，確立了 STEM 教育在學校的地位。接著2016年美國教育部發布《STEM 2026——STEM教育創新的一個願景》報告，提出八大挑戰任務，明白指出從幼兒時期就要開展STEM教育，即將STEM教育融入既有幼兒教育體系中（US Department of Education, 2016）。

　　再如英國脫歐後，發布《建立我們的產業策略綠皮書》，提出十項主軸建設，意欲打造具高競爭力的工業與經濟國家；其中特別指出正視企業短缺STEM人才問題，投入五年計畫的大量經費，以培育STEM各學科的相關教師（UK Government, 2017）。又如2017年6月中國教育科學研究院在成立STEM教育研究中心的基礎上，召開第一屆STEM教育發展大會，並發表《中

國 STEM 教育白皮書》及啟動中國 STEM 教育 2029 創新行動計畫（中國教育科學研究院，2017），並於 2018 年發布《STEM 教師能力等級標準（試行）》與召開《STEM 課程標準》專家論證會。綜上，STEM 教育已成為各國面對新時代與強化國力的教育改革及創新政策，本節就是在探討 STEM 教育是什麼，包括意涵、特性與其核心元素。

一、STEM 教育意涵

STEM 代表四個英文字的第一個字母——S 是科學（Science）、T 即技術（Technology）、E 乃工程（Engineering）、M 為數學（Mathematics）。所謂 STEM 教育係指：針對生活中的個人與社會問題，透過工程的設計、製作與精進的核心活動，以為課程與教學主軸，歷程中並整合運用科學與科學探究、數學與數學思考以及技術與工具等，以促進製作的品質暨解決實際的問題，如圖 3-1-1.所示（周淑惠，2018c）。從此定義可以看出工程是 STEM 教育的主要歷程與活動，因為誠如 Stone-Macdonald、Wendell、Douglass 和 Love

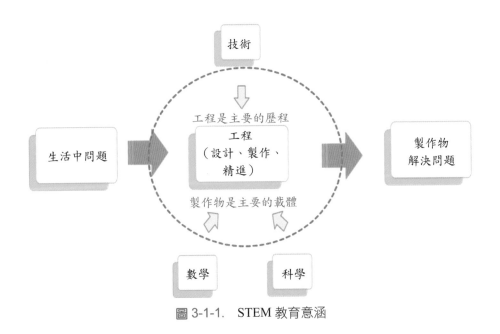

圖 3-1-1.　STEM 教育意涵

（2015）所言，工程就是運用科學、數學、技術、創造力，有系統的解決人類的問題；而製作物是整個STEM教育的主要載體與成果，它涉及多元學科的運用。

至於STEM之各自意涵說明如下：

（一）科學

自古以來有關科學的意涵就有爭議，目前學界則偏向多面向的科學定義，即秉持愛好自然與客觀等態度，以及觀察、推論等探究能力，去研究自然世界，以了解或回答其是如何運作的，此一定義包含過程、結果與情意三個面向（周淑惠，1998，2008）。而根據前述美國國家研究委員會的《下一世代科學教育標準》，則以「實踐」（practice）替代原「探究」（inquiry）一詞，描述科學家對自然世界從事調查、建立模型與理論，以及工程師在設計、建立模型與系統時的一組行為。也就是科學教育不僅包含科學探究以獲科學知識，還包括工程實踐的程序以解決生活中問題，甚至運用數學與科技（National Research Council, 2013），這是當前科學教育的大轉身，也萌生STEM。

（二）技術

技術一方面是工程設計的產品，一方面這產品、工具或技術也可以運用於工程設計的活動（Stone-Macdonald, Wendell, Douglass, & Love, 2015），如同人類設計了電腦，而這電腦也可運用於其他的工程設計。簡單的說，任何讓生活較容易的工具均是技術（Sharapan, 2012），因為按照國際技術教育協會（International Technology Education Association, ITEA, 2007: 242）之定義，技術係指創新、改變或修正自然世界，以符合人類的需求與願望。因此遠古人類的石斧或鑽木取火營生，其後的印刷術，當今人類的開罐器、螺絲釘、滑輪等簡易機械，甚或是複雜的照相機、電腦與網際網路、雲端技術、微創手術等皆屬之。它包含各類發明物、方法（程序或步驟）或技巧，可以是插

電的數位科技產品、技術，即 Barbre（2017）所稱的「大 T」，也可以是非插電的工具類或技術面向，即 Barbre 所稱的「小 T」。筆者認為在幼兒教育可資運用的技術有四大類：(1)探查工具；(2)記錄工具；(3)製作工具；(4)方法或技術（請參見周淑惠，2018c），包含大 T 與小 T，但這大 T 與小 T 的運用是為了探究，且 0～3 歲嬰幼兒運用大 T 要有成人的陪伴與互動。

（三）工程

按照美國國家研究委員會的《幼兒園至 12 年級教育的工程》（*Engineering in k-12 Education*）所定義，工程係指以一個系統的與經常是替代的方式去設計物體、程序與系統，以滿足人類需求與願望（NRC, 2009: 49）；又根據《下一世代科學教育標準》，工程設計是指形成透過設計可加以解決的問題，相對於科學探究是形成透過探究可加以回答的問題，兩者間有些異同。簡言之，工程始於一個問題，在考量各種解決方案後，測試其可行否以及如何精進它們（Englehart, Mitchell, Albers-Biddle, Jennings-Towle, & Forestieri, 2016）。筆者綜合文獻認為工程涉及三大面向——設計、製作、精進，設計係指依據問題需求與現實條件發想與計畫，而設計後則需運用材質、技術或方法加以製作，並在過程中持續改進，以解決實際問題。

（四）數學

數學涉及數量、幾何、空間、測量、統計等的知識，它存於日常生活之中，與人類息息相關（周淑惠，1995，2012），例如我們居住在世界的空間中，並在空間中移動軀體與物體，涉及空間方位與空間推理；又如生活各面向均涉及數量多寡：戶外教學回來清點人數、購物前統計數量、餐館消費後付錢結帳、購房前估算財務狀況等。同時數學也是推理、解決問題、連結與表徵、溝通的一種過程（NCTM, 2000），意指運用以上方法去獲得數學知識或解決生活上的數學相關問題，所以數學的思考方法與數學知識同等重要。

現實生活顯示，科學、技術、工程、數學已經滲透於人類生活食衣住行

育樂各層面，為有效的解決生活中的問題，我們必須運用科學探究、數學知識與工具或技術，透過整個工程製作歷程，方能產製合宜精進的成品或成果，以滿足人類需求。例如高鐵或隧道工程是為了解決人類異地隔閡不便問題與滿足快速交通需求，運用結構力學、材料科學、爆破技術、測量儀器、防震技術、數學計算與工程設計等多學科領域於整體工程的建設。再如再生抗老技術、醫學上的微創手術、雲端技術與電子商務等都是跨領域的運用多個學科以解決人類生活中的各項問題，可以說，人類社會整部歷史文明的進步，都無法脫離這四領域的運用。

近年來 STEM 教育中加入 A（Arts 人文藝術），使成為 STEAM，已逐漸被大家認同，但是對於藝術的角色看法不一，包括工具觀——藝術是 STEM 的工具、基礎觀——藝術是 STEM 的基礎與必要條件、目的觀——STEM 反而可培養人文藝術（Ge, Ifenthaler, & Spector, 2015）。無論持什麼觀點，筆者頗為認同 Sousa 和 Pilecki（2013）的觀點，即藝術是指廣義的人文藝術領域，包含戲劇、音樂、舞蹈、建築、景觀設計、創意寫作、影片、美術等。確實在幼兒教育方面，藝術融入 STEM 成為 STEAM，提供幼兒以創意、想像方式來說明 STEM 概念，例如以音樂律動、描述性語言溝通、繪畫、圖表、模型等表達說明想法（Sharapan, 2012）；甚而幼兒不僅會運用戲劇性遊戲、積木建構、繪畫、說寫故事、創造等來表徵自己的想法，在表徵前的規劃設計作品及與人合作和溝通時，也會運用它（Lindeman & Anderson, 2015）。

綜言之，STEM 教育是以作品或成果為學習的「載體」，是有目標、針對問題的工程活動，以設計、製作與精進為主要歷程，強調動手操作與動心思考，但是必須統整運用技術、數學與科學等各領域，如圖 3-1-1. 所示。

二、STEM 教育特性

筆者綜合文獻，歸納 STEM 教育的特性暨實務作法有四，它涉及教育目標（解決生活問題）、方法（探究）、活動（工程）、課程（統整性課程），如圖 3-1-2. 所示並說明如下。

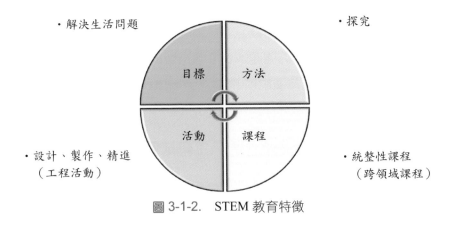

・解決生活問題

目標　方法

活動　課程

・探究

・設計、製作、精進
　（工程活動）

・統整性課程
　（跨領域課程）

圖 3-1-2.　STEM 教育特徵

（一）面對生活中真實問題的「解決問題取向」

　　面對現實生活中待解決的問題加以探究，是 STEM 教育的第一項特徵，也是 STEM 教育的主要目標。而遊戲就是幼兒的主要生活內涵，因此對幼兒而言，可以是生活中或遊戲中所遇到的各類問題。例如孩子想從積木搭建的斜坡上滾彈珠下來玩，如何讓彈珠滾得快？幼兒調整積木高度與斜度；再如為解決新收留的流浪狗無處可居問題，幼兒想設計與製作遮風避雨的小屋。而在製作過程中，也會發生諸多問題，如狗屋的門無法自動閉合、屋簷太斜擋住門口出入等問題，於是又投入設法解決的行動歷程中。生活中可探究與解決的事物，似乎俯拾皆是，像是如何讓戶外遊戲場更加好玩？如何解決班級菜園的瓜棚老是倒塌的問題？均為 STEM 教育萌生的大好情境。

（二）運用探究能力以求知、理解的「探究取向」

　　運用探究能力是 STEM 教育的主要方法，因為孩子在解決生活與遊戲中問題的歷程中，必須運用觀察、推論、查資料、記錄、預測、實驗、比較、溝通等的探究能力，才能理解事物運作的原因、因果關係與影響因素，順利的解決問題。例如幼兒想幫班上飼養的小倉鼠蓋遊樂小屋，小倉鼠的習性是

什麼？喜歡哪些遊戲設施（如斜坡道、轉輪、階梯、迷宮等）？什麼材質才合適？要如何設計才較能流通空氣且易於清理衛生？都是孩子必須探究與理解的。甚至在過程中遇到新的問題，也必須不斷的探究其中原因與設法解決及改善，例如轉輪常卡住無法順暢轉動、斜坡道與轉輪間常發生動線干擾等。

（三）運用設計、製作與精進的「工程活動」

幼兒 STEM 教育的第三項特徵是工程活動的歷程。無論是機器人活動或解決生活中的實際問題，工程設計的程序都是 STEM 教育的關鍵想法、必要的活動（Krajcik & Delen, 2017）。一開始孩子面對問題必先了解或探究問題的本質、需求與現實限制如材料、預算、技術等，藉以思考與「設計」可能的解決方案；然後依據解決方案去實際動手「製作」，看是否可行。而在歷程中一定也會遇到新的問題有待解決，必須不斷的思考與探究，如此在行動中不斷的試行、驗證與改善，最後「精進」製作的品質。例如流浪狗小屋的窗戶與門要開在哪裡才合適？屋頂外延長度與傾斜角度要多少才能遮雨和烈日？木頭不太能防水該怎麼辦？沒有鋸木頭的大型鋸子該如何替代？以上這些在設計與製作階段都是要思考與實作驗證的，然後才能日益改善狗屋的品質，這就是工程的體現。

（四）運用科學、數學等與各類技術的「統整課程」

在現實生活中，STEM 的四個領域科學、數學、技術、工程，甚至是人文藝術領域，往往是交織運用於人類各層面生活的技術或發明中，如由數座橋塔與鋼纜組成力與美的斜拉（張）橋，在建蓋時不僅運用工程、科學、數學、技術，而且也涉及美感的展現。又在倉鼠遊樂小屋的工程實作時，如滑梯坡度（斜率）與轉輪轉動等的設計都與「科學」原理有關，孩子必先運用探究能力加以理解。其次要用多少木片、冰棍等都要計數與估算，材料剪裁時要比較、測量，在小屋中配置多元遊樂設施則涉及空間安排與推理，以上

這些都涉及「數學」內涵。又在過程中很可能會運用電腦上網與小百科查詢遊樂設施的影片與圖片，運用線鋸、美工刀、摺疊鋸等切割木材、冰棍或膠板，使用熱熔槍、白膠、泡棉膠等膠黏材料，並用手機拍攝不同階段各版作品，以供留存與事後比較，以上在在都需運用「技術」。甚至要配合園內環境加以美化彩繪，或向來賓解說其設計，納入「人文藝術」的部分。可以說在整個歷程中，各學科領域知能都整合在此一小倉鼠遊樂小屋的方案（項目）中，是一個整合性的課程。

三、STEM 教育核心──探究

　　Barbre（2017）在《嬰幼兒邁向 STEM》（*Baby Step to STEM: Infant and Toddler, Science, Technology, Engineering, and Math Activities*）一書中指出，STEM 教育的關鍵元素即為科學探究；Moomaw（2013）也指出 STEM 課程的設計通常以科學探究為核心，筆者極為認同。誠如 Zan（2016）所言，STEM 四領域整合可以行得通，是所有這四科都涉及相同的解決問題程序，雖然解決的問題可能不盡相同，而筆者以為，只要是解決問題就必須透過求知探究的方法與工程實踐的程序，如上述幫小倉鼠蓋遊樂小屋之例。

　　其實工程實踐的程序即是探究精神的寫照，因為根據《下一世代科學教育標準》，八項重要實踐為：(1)提問與定義問題；(2)發展與運用模型；(3)規劃與執行調查；(4)分析與解釋資料；(5)使用數學與計算思考；(6)建構解釋與設計解決方案；(7)投入證據的辯論；(8)獲知與評估及溝通（NRC, 2013）（請參見 https://www.nap.edu/read/13165/chapter/7# 42），這幾項重要實踐的運作，都需運用探究能力，有如上述小倉鼠的遊樂園或流浪狗的狗屋設計活動般，整個實踐歷程充分顯現探究精神──求知與理解事物是如何運作、解決製作歷程中各種問題等，因此 STEM 教育的核心就是探究。

　　至於探究是什麼？簡單的說，探究是科學家為試圖回答他們所感興趣的問題，所運用的有系統方法（Lederman, 1999），即回答問題或解決問題的求得科學知識的方法。而根據近年美國國家研究委員會所頒布的《國家科學教

育標準》（*National Science Educational Standards, NSES*）所載，科學探究不僅指科學家研究自然世界與基於其工作上的證據提出解釋之多元方式；探究也指學生發展知識與理解科學概念，及理解科學家如何研究自然世界的活動。其要義為（NRC, 1996: 23）：

> 探究涉及觀察、提問、查書與其他資料以了解已知、計畫調查行動、依據實驗證據檢視已知部分、運用工具以蒐集與分析及解釋資料、提出解答與解釋及預測，並溝通結果的一個多面向活動。

顯然美國《國家科學教育標準》之探究涉及科學家研究與了解自然世界的觀察、預測、實驗、溝通等方式與能力，即所謂的「科學程序能力」（Scientific process skills）（周淑惠，1998，2008），而這些技能亦可運用於學生學習與科學教學。其後美國國家研究委員會於2000年出版《探究與國家科學教育標準──教與學的指引》（*Inquiry and the National Science Education Standards: A Guide for Teaching and Learning*）補充書籍。該書指出，《國家科學教育標準》的顯要特徵是以探究為焦點，有兩種運用方式，第一種是學生應發展能設計與執行調查研究的「能力」，以及應對科學探究本質有所「了解」；第二種是讓科學概念透過調查研究而精熟的教與學策略。所以探究涉及科學家研究與了解自然世界的重要能力，學生應運用於學習上，教師也可運用於教學上，讓學生經歷這些程序與能力而獲得科學概念。

此書繼而指出探究教學應有的共同成分，即有五個步驟或階段，又稱之為5E探究模式（NRC, 2000: 35），對吾人理解應如何實施探究教學或探究學習有所幫助：

(1) 學生「投入」（Engagement）一個科學問題、事件或現象，與其已知相連結，或與其想法產生衝突，或激發其學習更多。

(2) 學生透過操作經驗「探索」（Exploration）想法，形成與測試假設，解決問題，或對其觀察提出解釋。

(3) 學生分析與「**解釋**」（Explanation）數據資料，綜合想法，建立模型，藉教師或其他科學知識來源，澄清概念與解釋。

(4) 學生「**延伸**」（Elaboration）其新理解與能力並運用其所學於新情境。

(5) 學生與老師回顧與「**評量**」（Evaluation）其所學內涵與是如何學到的。

其後於 2004 年，美國國家科學教師協會（National Science Teachers Association, NSTA）發表「科學探究」立場聲明，建議教師將科學探究做為教學方式，幫助學生理解科學探究與從事科學探究（請參見 http://www.nsta.org/about/positions/inquiry.aspx）。雖然《下一世代科學教育標準》，以工程「實踐」程序替代原「探究」一詞，然而工程實踐程序仍脫離不了探究的核心精神，運用觀察、推論、查資料、驗證、比較等探究能力，才能理解事務運作原理，也才能歷經設計、製作與精進改善的程序，以產出成果解決問題。總之，STEM 教育是面對生活中問題，以工程活動為主要歷程，探究為核心精神，歷程中並綜合運用科學、技術、數學等，以精進製作的品質暨解決問題。

STEM教育風潮其實已向下延伸至學前階段，例如上節所述美國《STEM 2026——STEM 教育創新的一個願景》報告明白指出開展幼兒時期 STEM 教育，即 STEM 教育融入當前既有幼兒教育體系中。本節首先探討 STEM 教育於嬰幼兒階段之合宜性，接著探討嬰幼兒 STEM 教育之教保基礎，以為後續 STEM 教育的設計與實施鋪墊。

一、嬰幼兒 STEM 教育之合宜性

本書主張從嬰幼兒時期就可以開始進行 STEM 教育，培養探究、解決問題等能力，乃基於以下幾個理由：

（一）順應嬰幼兒的好奇天性

課程的發展與決定有四個基礎：哲學、心理學、社會學、歷史基礎（歐用生，1993；Ornstein & Hunkins, 2017），其中最重要的是要符合教學對象的發展與特性，即心理學基礎。綜合前面章節所述，嬰幼兒具有探索建構特性，初生嬰兒就已經試圖用其感官探索周遭人與物，其後 8 個月左右開始會爬繼而會走的嬰幼兒，最顯著的特徵也是運用多元感官到處探索，想了解周遭世界；接著在語言能力萌生激發認知後，在好奇心驅使下，總有問不完的問題並用行動驗證以發現答案，因此在嬰幼兒時期即展開 STEM 教育，符合嬰幼兒好奇天性與一探究竟需求，實為極其自然之務。

的確，所有的孩童有探索、提問、創造、驗證與尋求自然規律的傾向，這些特徵與 STEM 學習固有的心智習慣是相關的（Selly, 2017），誠如 Zan（2016）所言，STEM 經驗緣起於孩子出生當其觀察與投入於周遭環境之時，因此正式的 STEM 教育應始於嬰幼兒時期；每日基於好奇的感官探索經驗，實為提供學習事物「物理特性」的基礎，為 STEM 打下根基（Barbre,

2017）。Sharapan（2012）也指出，身為幼教工作者，要以日常語言開始來思考 STEM，其實會發現這些課程並非是新的，它們很久以前就存在，而且到處皆是。綜言之，STEM 教育的核心既為探究，順幼兒好奇天性而為，實施具探究性的活動，乃為自然之舉及正確之道。

（二）援用大腦發展關鍵期

腦科學的研究已經指出，從出生到 5 歲是大腦發展的最關鍵時期，在最初幾年裡，每一秒鐘有多於百萬新的腦神經連結形成，在急速增生後並經修剪程序，讓複雜的神經通路有效運作；且早期的經驗決定了腦發展的品質，在早期階段的投入比後期補救要來得有效（Gonzalez-Mena & Eyer, 2018; National Scientific Council on the Developing Child, 2007）。職是之故，專注於嬰幼兒時期的教育是值得的，況且嬰幼兒本就具有好奇心，所以在此關鍵期投入 STEM 探究教育，為未來奠下基礎與興趣，是最適合不過了。

（三）符合未來時代的能力需求

社會需求與考量是課程發展與決定的另一個重要基礎。在未來高速變遷的人工智能駕馭社會，許多工作被人工智能取代，職業與工作領域將大洗牌，職場工作愈加困難。筆者於《具 STEM 精神之幼兒探究課程紀實》一書（周淑惠，2018c）中，曾綜合「聯合國教科文組織」（UNESCO）之五大學習支柱——求知、學會做事、學會共生、學會發展、學會改變，「21 世紀世紀技能聯盟」（Partnership for 21st Century Skills）之 21 世紀人才核心能力架構中之學習與創新 4C 能力——批判思考與問題解決（Critical thinking & problem solving）、創造力與創新（Creativity & innovation）、溝通（Communication）、合作（Collaboration），以及本人針對未來紀元所提出之所需培育人才——求知人、應變人、地球人、科技人、民主人、完整人（周淑惠，2006，2018a），歸納出探究力、創造力與合作共構力為未來社會所需三大能力。而以探究為核心精神的 STEM 教育正可能培養以上能力，符合未來時代

需求，故而 STEM 教育宜自幼開始。

（四）STEM 於嬰幼兒階段的可行性

STEM 教育實務已經延伸至學前階段，如美國、加拿大、新加坡、德國等。筆者在台灣輔導的探究取向幼兒園，也讓學前幼兒體驗 STEM 探究活動，在上述《具 STEM 精神之幼兒探究課程紀實》一書（周淑惠，2018c）與「STEM 教育自幼開始——幼兒園主題課程中的經驗」一文（周淑惠，2017b）中，均曾分析 2～5 歲幼兒園所實施的主題探究課程，發現充滿了 STEM 精神與要素，孩子展現驚人能力，如積木搭建、滾物坡軌、木頭真神奇等主題活動充分流露工程設計思維與運用數學、科學、技術等領域。

不僅在幼兒階段可行，提倡以工程設計活動實現 STEM 教育的 Stone-Mac-Donald、Wendell、Douglass 和 Love（2015）指出，學前幼兒、學步兒，甚至嬰兒都是個小小工程師，在工程設計的解決問題複雜活動中，顯現許多基本能力。McClure 等人的研究也指出，即使在 1 歲階段，當嬰兒看到一些出乎其意料的事，也會測試其預想想法（McClure, 2017; McClure, Guernsey, Clements, Bales, Nichols, Kendall-Taylor, & Levine, 2017）。Stahl 和 Feigenson 出示 11 個月大嬰兒玩具車，將它從桌邊掉下又浮上來，這個嬰兒觀察這輛奇怪的車比一般正常運作的車還要久，並試著去探索用自己的手把玩具車丟下去（引自 McClure, 2017）。無怪乎 McClure 等人主張 STEM 宜盡早開始。事實上，也有愈來愈多的專門著作針對嬰幼兒階段的 STEM 教育，例如以上 Stone-Macdonald 等人的《讓小小工程師專注投入——透過 STEM 教導解決問題能力》（*Engaging Young Engineers: Teaching Problem-Solving Skill Through STEM*）；以及前述 Barbre（2017）的《嬰幼兒邁向 STEM》皆是。

可惜的是吾人經常發現，嬰幼兒的好奇心在小學或更高階段已被無趣與灌輸式的學校教育消磨殆盡。目前許多國家已經從小學或幼兒園開始落實 STEM 教育，STEM 教育在嬰幼兒階段既然可行，筆者以為良好的習性宜自小培養，探究的態度與技能亦當如此，因此充分援用嬰幼兒大腦神經蓬勃發

展關鍵期與其好奇天性，將 STEM 探究精神與實務延伸至 3 歲前的嬰幼兒，以培育符合未來時代能力需求的公民，實頗值嘗試與鼓勵。

二、嬰幼兒 STEM 教育之教保基礎

初生小嬰兒是很脆弱的，需要悉心照護與保持安全，所以保育工作顯得特別重要，然而嬰幼兒若要完整發展不僅是生理保育而已，還涉及智能、情緒、語文等其他面向的發展，因此應參照前章歸納之嬰幼兒教保通則，讓保育與教育合一、攜手並進。再者，嬰幼兒是以建立依附關係做為對外探索的安心堡壘，並且以其多元感官探索周遭環境，建立依附關係與具有優質的環境是實施任何教育的基礎要件，職是之故，嬰幼兒期若要施行 STEM 教育，要立基於兩項教保原則並特意強化之，即親密互動的關係，以及安全、健康暨豐富的環境。

在日常作息與保育中親密互動並建立依附關係，有兩個作用，第一個作用是讓嬰幼兒深具安全與信任感，做為探索環境的安全堡壘；誠如 Wittmer 與 Peterson（2018）所言，嬰幼兒學習最重要的元素是一個能積極回應、忠誠的成年夥伴（即照顧者），與孩子情感交流，以擴展他們的探索與發現。此外，在日常作息與保育中親密互動並建立依附關係的第二個作用是，讓嬰幼兒參與其中，才能當下施予合宜的教育，落實真正的教保合一。因此親密互動關係的基本信念是「保育與作息即課程」，是指日常作息與保育中強調親密互動以建立依附關係，以做為當下教育的有效場域及平日對外探索的安全堡壘。也就是不管是當下教育還是平日探索，保育與作息都深具教育性，可以說它是支持嬰幼兒探索與學習的「心理基礎」。

安全、健康暨豐富的環境的基本信念是「遊戲與探索即課程」，幼兒生活的重要內涵就是遊戲，在遊戲中探索著，也在探索中遊戲著，不僅建構相關知識，也對各方面發展有所裨益（周淑惠，2013，2018d）。正因為遊戲與探索即課程，所以擁有一個安全、健康暨豐富的環境就顯得很重要，可以說它是支持嬰幼兒探索與學習的「物理基礎」。

總之，親密互動的關係將保育與作息視為課程，即體現教保合一精神，期望透過親密互動的依附關係達到教育與探索的目的；安全、健康暨豐富的環境將遊戲與探索視為課程，期望透過安全暨豐富的環境，達到探索、建構與發展的目的。可以說這兩項是嬰幼兒教保通則的核心，若能以此為基礎，在有如安全堡壘的心理支持下與觸發場域的物理激勵下，幼兒才能安心且非常投入於遊戲與探究中，並受到豐富環境的激勵與啟示。若再加上教師的鷹架引導等其他通則的助力下，實現 STEM 教育的目標，指日可待，有如圖3-2-1.所示。下一章則進一步針對此兩項基礎要件加以闡述。

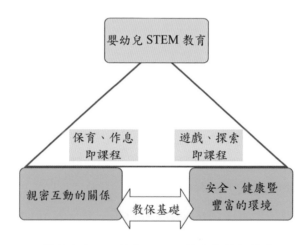

圖 3-2-1.　嬰幼兒 STEM 教育之教保基礎

第四章

嬰幼兒 STEM 教育之
教保基礎

本章旨在闡論：落實嬰幼兒 STEM 教育之教保基礎，筆者認為若欲實現嬰幼兒STEM教育，必須奠基於兩大基礎要件——親密互動的關係（依附關係），及安全、健康暨豐富的環境。前者是支持探索與學習的心理基礎，後者是支持探索與學習的物理基礎。此二基礎要件同時也是任何嬰幼兒托育機構邁向高品質托育的必要條件。

第一節　親密互動的關係——
支持探索與學習的心理基礎

　　親密互動的關係是高品質托育的必要條件，也是落實嬰幼兒STEM探究活動兩大基礎要件的第一件。如上章所言，在日常作息與保育中親密互動並建立依附關係有兩個作用，一是做為平時探索環境的安心堡壘，另一是做為當下合宜教育的有效場域，至於親密互動關係的基本信念是「保育與作息即課程」。本節探討親密互動關係的意涵與具體落實方法。

🔍 一、親密互動關係的意涵——依附關係

　　老一輩的人經常會告訴年輕夫婦，如果小嬰兒哭了，不要一直抱他或馬上理會他，這樣會寵壞孩子，成人就會被孩子控制住。然而根據實證研究卻非如此，敏捷細心的照護與回應需求的親密互動，建立嬰幼兒與照顧者間的相互依賴關係，讓彼此的身體與情緒緊密相連，這就是「依附」（attachment）關係，它反而是成為鼓勵更成熟行為的情境，建立許多能力的跳板，如自信、順從與合作、知道他人需求與願望、同理與同情等。亦即相互依賴的關係反而可以為孩子的未來能力與自主力鋪路。相對的，當嬰幼兒未被立即與預期的回應，就會變得很焦躁與無助感，他學到的是：只有快要抓狂哭叫時成人才會過來幫他，結果嬰幼兒就愈發困難的被人安撫與鼓勵用非哭鬧方式去溝通，也很難引導他獲得其他重要能力（Berk, 2001）。

　　腦神經科學方面的研究也支持嬰幼兒與照顧者間親密互動的關係。腦部的發展是靠基因與經驗的交互作用，科學家已經知道這發展過程中的主要成分，是嬰兒與父母及照顧者間的「給予與回報」（serve and return）式的互動關係，即嬰兒透過咿呀發聲、表情與姿勢尋求互動，成人也以同樣的發聲與動作回應著。缺乏這樣的親密互動回應關係，腦部裡的建築結構無法如預期般的形成，因為腦部是高度相互關聯的器官，必須以協調的方式運作，情緒

上的安和狀態與社會能力提供認知能力萌發的一個有力基礎，他們共同形成人類發展的根基（National Scientific Council on the Developing Child, 2007）。

美國幼兒教育學術組織 NAEYC 出版的《合宜發展的實務》，亦支持親密互動與依附關係，認為照顧者的互動和敏捷回應，與在托育情境中發展一個安全依附關係及建立孩童自我價值和信任感，是有關聯的。所以整個托育情境應承諾於維護一個正向的情緒氛圍，即示範關愛、正向與支持性的溝通和互動，實現嬰幼兒合宜發展實務（Copple & Bredekamp, 2009; Copple, Bredekamp, Koralek, & Charner, 2013）。

此外，澳洲政府社會服務部針對 0～5 歲的《歸屬、現狀和形成──澳洲兒童早期學習框架》幼年階段學習框架，提出五個教學原則的第一項就是「安心、尊重的與平等互惠的關係」，明白指出：「研究顯示嬰兒既是脆弱也是能幹的，他在家庭內及其他信任關係內的最初依附，提供探索與學習的一個安心基礎」（Commonwealth of Australia, 2009: 12），顯然非常看重嬰幼兒的依附關係。又英國教育部的《幼年基礎階段法定框架──出生至 5 歲孩童的學習、發展與照顧標準》，所提出的四項幼教實務總體指導原則之一，就是「孩子透過正向關係以學習強壯與獨立」（Department for Education of England, 2017: 6）。可見各國政府均非常重視托育情境中的親密互動正向關係。

而托育情境中的親密互動關係，即 Clare 非常強調的「情緒環境」，她指出除非嬰幼兒是處在情緒上安心與安全的狀態，否則無法產生任何的學習作用；而創設「情緒環境」係指透過互動建立依附關係，讓嬰幼兒倍感幸福安和（周淑惠譯，2014），同時這也是 Wittmer 和 Peterson（2018）所倡「以關係為基礎的教保實務」的核心，以及 Gonzalez-Mena 和 Eyer（2018）所提出的「3R（尊重、回應與對等）互動為基礎的教保課程」的精髓。

簡言之，嬰幼兒與教師間的親密互動關係，對嬰幼兒的發展是利多的。以下母嬰對話情節取自 Clare（周淑惠譯，2014 ：2-3），顯示了此種親密互動的關係。

- 媽媽將一條小毯子蓋在四個月大的 Oscar 肚子上。她躺在 Oscar 的前面，對他說話並嘗試一些眼神上的交會。當她說話時，溫柔的撫著 Oscar 的小手。

- 她的語調是輕聲細語、令人慰藉的。

- 她叫著 Oscar 的名字，問他是否願意像昨天一樣翻過身去。當小孩沒有回應時，她就問他是否太累了。媽媽指稱轉身是「他的新花招」。

- Oscar 用手將自己完全撐起並四處張望。當媽媽仍繼續跟他說話時，他開始發出咿呀學語的聲音。她向他提起昨天他曾連翻三滾的事。她以說著「多麼聰明的小孩」來強調這件事帶給她的喜悅。當他開始發出聲音顯示好像已經趴躺太久時，於是媽媽問他，「你要開始翻身了嗎？」

- 當媽媽將 Oscar 拉起讓他用腳站立時，一直跟他說話並與他保持目光接觸，媽媽問他想要做什麼來代替翻身。

- 當媽媽將他平放以背躺下時，她說「躺下來了」。Oscar 看著他自己的腳，所以媽媽問，「這是你的腳嗎？他們屬於你的嗎？」他發出咿呀的聲音且開始以微笑回應。（媽媽知道他先前對他自己的腳有興趣。）

- 媽媽彎著腰對著他說：「你要玩玩你的腳嗎？我們來唱唱兒歌好嗎？」當她抓著他的雙腳同時，開始唱著「Roly, poly up, roly, ploy down, roly poly ever so slowly, roly poly up」並配合著音樂節奏上下移動他的雙腳。整個唱歌動腳的情節，媽媽都保持著目光接觸，以及 Oscar 以突然大笑聲回應著並開始愈來愈熱烈的舞動著他的手臂。媽媽問他這是不是他最喜歡的歌以及她還要再做一次嗎？當他不再以同樣方式回應時，她提議唱另一首歌「Wind the Bobbin Up」，不是以手而是再次以腳舞動，Oscar 一直與他媽媽互動著。

- 媽媽將他拉起來靠近她然後把他放下，並且注意到他一直專注於她將它叫作 Colin 的一隻小毛蟲玩偶。她建議 Oscar 告訴 Colin 他的假期。「Oscar，你放假時做什麼呢？」她遲疑了一下然後提供了他的回應，「你去了水族館了嗎？你有看到很多的魚嗎？你最喜歡哪些魚？你要告訴Colin你最喜歡的魚嗎？或者是家裡面你最喜歡的魚嗎？」在整個互動過程中，她不斷的稍做停頓，等待 Oscar 回應。

- Oscar將他的手指放在嘴裡，媽媽警告他，「不要將手指放進嘴巴太深。我們都知道當你將手指放入嘴巴太深時，有時候你會生病。」

- 媽媽注意到 Oscar 在專心的看一張照片，因此她跟著說，「你是在看媽媽與爸爸的照片嗎？那是你在注視的東西嗎？他們現在看起來一點都不像照片那樣，那是很久以前的樣子，那是在日本的時候。你會喜歡在日本的，因為在那裡有許多明亮的燈光。你喜歡明亮的燈光，不是嗎？」Oscar 間歇的以咿呀的聲音回應。她繼續說著，「現在沒有很多媽媽與爸爸的照片留著，現在都換成你的照片。」當她說這話的時候，也彎下腰來輕吻著 Oscar。

　　這對母子間的遊戲互動情境清楚的描繪母親與嬰兒間的親密互動與強力連結關係，兩者在彼此的相互陪伴下均感舒適自在。母親創造了一個寧靜安詳的氛圍且給予其子全心關注；嬰兒則處在他感到熟悉的一個環境裡，安詳、愜意又令人感到舒適。更重要的是，充分顯現「同步互動」（interactional synchrony）的特殊溝通形式，彼此相互回應共享正向情緒，就像是一種情緒上的共舞（emotional dance）（Gonzalez-Mena & Eyer, 2018）。母親善於領會 Oscar 所發出的訊息與追隨他的目光及興趣，並以改變嬰兒的姿勢、吟唱嬰兒熟悉且喜愛的童謠、請Oscar告訴毛蟲玩偶Colin有關他的假期及所看到的魚、談論照片上的故事等種種對話與肢體動作，來回應嬰兒所發出的訊息並幫助孩子將他的許多經驗連結；Oscar 則以愈來愈頻繁的手臂動作並發出咯咯喜悅聲做為回應，讓母親知道他樂在其中及他的高度幸福感。

Berk（2012）綜合多項研究指出，敏銳的照顧，即迅速、一致性與合宜的回應嬰兒的需要並溫柔的肢體接觸，與建立「安全的依附」（secure attachment）關係，有中等程度的相關；相對的，表現不安全依附關係的嬰兒母親，通常以負面與較少肢體接觸對待他們的嬰兒。也就是母嬰間相互回應的親密互動帶來了安全的依附關係，將父母視為安全堡壘，感到心理安全、幸福與自信，有別於其他類型的依附關係──退避型、抗拒型、失序迷惘型依附。

　　Berk（2001）綜合研究又指出，在 1 歲時被敏銳悉心回應照顧的嬰兒，相對於較少被回應或延遲回應的嬰兒，他們對外在世界的探索是自信的、堅持的，且較少哭泣，較多可能運用肢體與語言去表達他們的想法。Sroufe 等人的研究發現，嬰兒時期建立安全依附關係的學前兒童，相較於表現較多行為問題的對照組，有較高的自尊、社會技巧及同理心；後續追蹤研究到小學、青少年與成年時，發現他們有較成熟的社會技巧，能與人有穩定與滿足的親密關係，並且教育水準通常也較高（引自 Berk, 2012）。

　　腦科學方面的研究指出，幼兒是以關係情境來體驗他們的世界，而這些關係實質的影響著他們各方面的發展。從出生開始與照顧的成人有穩定的關係，對於後來的健康發展是很重要的，亦即早期安全的依附關係對於後來廣泛能力的成長有所裨益，包含如對自我感到自在、喜歡學習、正向的社會技巧、成功的多元關係，以及通情達理的理解情緒、承諾、道德與其他面向的人際關係。更具體的說，父母與嬰兒間「給予與回報」（serve and return）式的互動，建立與強化嬰兒的腦部結構，以及創造確信的經驗與滋養新的能力；同樣的，在托育情境中老師的溫暖與支持，影響孩子重要能力的發展，包括在學齡階段較大的社會性能力、較少的行為問題、較強的思考與推理能力（National Scientific Council on the Developing Child, 2004）。

　　簡言之，從嬰兒起建立穩定的依附關係，提供孩子終身受用的能力基礎，不僅當下受惠，也影響未來發展，誠如澳洲政府在 0～5 歲《歸屬、現狀和形成──澳洲兒童早期學習框架》幼年學習框架中指出，沒有強烈的幸福

安和（wellbeing）感，就很難有強烈的歸屬感（belonging）去信任他人，並對當下現狀（being）感到自信，以及樂觀的從事對未來發展成為（becoming）有益的經驗（Commonwealth of Australia, 2009）。

🔍 二、親密互動關係的落實

關係是嬰幼兒教保的基石，它源自於互動，親密的互動可讓嬰幼兒與照顧者產生依附關係，獲得安全、信任與自信感，是探索與學習的心理基礎，並攸關未來發展。從實務面言，在 STEM 教育中最核心與關鍵的是探究能力的運用、工程設計程序的執行等，這些都必須仰賴成人的鷹架引導，而鷹架引導必須以親密互動為基礎，才能達到交互主體境界，產生真正的鷹架作用，協助嬰幼兒進入 STEM 世界。那麼如何落實親密互動的關係？也就是建立依附關係呢？以下論述幾位學者的觀點與各國政府文件，並試圖加以歸納，提出具體落實作法。

Gonzalez-Mena 與 Eyer（2018）曾提及教育是從保育照顧所生的「關係」中發展的，特別是基於 3R（尊重、回應與對等）信念於日常保育作息的互動。即在基於尊重孩子的信念下，老師回應孩子的需求，孩子也回應老師的行動，這是一種給與取的交互狀態，形成一個彼此持續回應的互動鏈，在一來一往的回應中，促進了老師與孩子間的依附感。所以嬰幼兒的照護與教育就是 3R 互動，保育作息時間如換尿布、餵食、自食、清洗、穿衣等就是 3R 互動的機會。此即第二章筆者所歸納嬰幼兒教保實務通則中之「日常保育即課程」，它也是嬰幼兒 STEM 教育的教保基礎。他們認為此種狀態成立之先決條件是三種政策必須到位：

(1) 實施主要照顧者制度，老師照顧嬰幼兒整個人，非工作分工。

(2) 一位老師持續照顧幼兒一段時間。

(3) 一致性與可預測的日常作息讓孩子具有安全感。

綜言之，Gonzalez-Mena 與 Eyer 認為，在實施主要照顧者制度、持續性

照顧與固定的作息下，老師必須建立一個「以 3R 為基礎的教保課程」，以尊重的心在日常作息與保育活動中積極回應嬰幼兒的需求，並讓嬰幼兒成為活動的夥伴參與者，在無數互動下累積的親密感中，把日常作息變為一個以關係為基礎的課程，才能有效的施教。

非常看重情緒環境，把情緒環境的重要性列於實體環境與創意環境之前的 Clare，提出創設情緒環境的方式如下（周淑惠譯，2014）：

(1) 建立成人與嬰兒間關係：對話、眼神與肢體接觸、回應等（依附感與如家氛圍）。

(2) 建立主要照顧者制度。

(3) 與家長建立夥伴關係。

(4) 從家庭中獲取影響孩子的廣泛資訊。

(5) 拍攝孩子生命中重要的人事時地物的照片，成冊置於中心並可持續添加。

(6) 藉觀察量表以了解孩子幸福安和感及參與投入。

有趣的是，Berk（2001）論及 Vygotsky 近側發展區概念時，認為運用此一概念可建立共享理解的「交互主體性」關係，即相互依存的關係，有如戀人間之一顰一笑對方皆能會意的你儂我儂關係。確實，交互主體性最可能發生在緊密的關係中，亦如同父母與嬰兒、學步兒間的一來一往親密互動著（如上述 Oscar 與媽媽遊戲互動實例）。如果成人能運用此種方式，一定可以在建立親密互動關係的基礎上，搭建成功的「鷹架」以協助孩子獲取新知能，促進其發展水平。

各國政府官方文件也很重視正向的親密互動關係，並且提出具體作法。例如提出「孩子透過正向關係以學習強壯與獨立」指導原則於《幼年基礎階段法定框架——出生至 5 歲孩童的學習、發展與照顧標準》中的英國政府，在該文件第三部分「安全保護與福利」中特別提出「主要照顧者」（key person）的規定：「每位孩童必須指定一位主要照顧者，他們的角色是去確保每

位孩童的照顧是符合他們的個別需要而量身訂製的，幫助孩子熟悉托育情境，為孩子提供一個安穩關係，並與孩子父母建立關係。」（Department for Education of England, 2017: 22）。又這個規定是基於 2006 年的托育法，有法定的效力。

提出「安心、尊重的與平等互惠的關係」教學原則於《歸屬、現狀和形成——澳洲兒童早期學習框架》的澳洲政府，除指出最初依附關係對孩子學習的重要外，還提出五項學習成果，其第一項成果是孩子有強烈的自我認同感，而其下的第一項次成果就是「孩子感到安全、安心與支持」，具體作法包括（Commonwealth of Australia, 2009：21）：

(1) 敏銳的意識與回應孩子的訊號。

(2) 敏銳的回應孩子的試圖互動與對話。

(3) 透過一致、溫暖的呵護關係支持孩子的安全依附。

(4) 在改變時支持孩子以及連接熟悉與不熟悉間的鴻溝。

(5) 托育實務建立在個別文化所重視的養育經驗與學習方式。

(6) 隨時給予情緒支持，並支持孩子表達其思考與感覺。

(7) 意識痛苦、害怕、不舒服的感覺需要一段時間去解決。

(8) 以正面方式承認每個小孩的獨特性。

(9) 花時間與每個小孩互動與對話。

美國幼教學術機構 NAEYC 在《合宜發展的實務——出生至 8 歲的幼兒教育》（Copple & Bredekamp, 2009）及《合宜發展的實務——聚焦嬰兒與學步兒》（Copple, Bredekamp, Koralek, & Charner, 2013）二書中提出「合宜發展的實務」（簡稱DAP）概念，以對照方式舉例說明合宜與不合宜發展實務的差異，此份文件頗具參考價值。在「照顧者與嬰兒關係」方面有四個向度：(1)主要照顧者與持續性照顧；(2)互動；(3)尊重嬰兒為人；(4)溝通。在學步兒關係方面多出了積極輔導向度（Copple, Bredekamp, Koralek, & Charner, 2013），此乃因為學步兒進入常規要求的階段。筆者將嬰兒與學步兒並列並僅精簡的擷取合宜的實務，以利讀者參考（表 4-1-1）。

表 4-1-1 照顧者與嬰幼兒關係的合宜發展實務

向度＼對象	嬰兒	學步兒
主要照顧者與持續性照顧	• 充分的持續性照顧以確保嬰兒與父母能和主要照顧者間形成正向關係。 • 主要照顧者相當了解孩子和家人，能回應孩子個別氣質與需求，並與孩子及家人維持相互滿意的溝通。 • 每天早上主要照顧者都熱忱的迎接嬰兒和家人，並協助孩子平和銜轉融入照顧者的孩子群體。	• 充分的持續性照顧以確保學步兒與父母能和主要照顧者間形成正向關係。 • 主要照顧者與學步兒及其家人熟稔，能回應個別孩子的氣質與需求，並和孩子及其家人有互為滿意的溝通。 • 當孩子送達時，主要照顧者會熱情的呼喚名字迎接。對於需要協助才能與父母分離的幼兒能給予安撫。
互動	• 照顧者經常維持與嬰兒間的一對一溫馨互動，抱著、撫摸與輕拍嬰兒、或平和愉悅的看著嬰兒跟他說話。 • 照顧者學習與觀察每位嬰兒表現的訊息，以判斷何時需要進食、不舒服或想被抱，並給予回應的照護。 • 照顧者始終是細微與關愛的回應嬰兒對食物與舒適的需求。嬰兒逐漸對照顧者建立信任，從中肯定自己的價值，並推斷周遭世界是一個可供探索的安全的地方。 • 照顧者了解嬰兒彼此間的好奇心並正開始建立社交技能，因此容許他們互相探索性的輕柔撫摸。 • 照顧者尊重嬰兒的個別能力，並對每個嬰兒的發展新能力給予正面回應，以建立其自信。	• 照顧者每天大多與學步兒進行一對一的互動。互動的基調是溫馨的，使用平和與愉悅的聲音以及簡單的語言和非語言訊息。 • 照顧者學習了解每位學步兒所表現的訊息，並持續以關愛及特定的方式予以回應，讓小孩相信成人會給予幫助或安慰。 • 照顧者經常親密的和學步兒一起唱歌、手指謠或唸讀，並讓孩子積極參與演出簡單故事或民間傳說。 • 營造一個富有情感與包容的氛圍。照顧者除了給幼兒溫暖關愛的回應外，更確保空間安排、材料與活動的妥適規劃，讓所有小孩都能積極參與（如讓有身體殘疾的孩子亦能在餐桌上一起吃飯）。 • 當學步兒盯著殘疾的孩子或詢問有關殘疾問題時，照顧者能給予簡要與正確的回應。

（續下頁）

表 4-1-1　照顧者與嬰幼兒關係的合宜發展實務（續）

對象 向度	嬰兒	學步兒
尊重嬰幼兒為人	● 照顧者視嬰兒為具有喜好、情緒與想法的個人，亦經常告訴嬰兒（特別是略懂事年紀較大者）將要發生什麼事（如「我現在要幫你穿上毛衣，這樣我們才能外出。」） ● 照顧者對於嬰兒的身體及其身體功能懷有健康與接納的態度。 ● 照顧者的作息能依據個別嬰兒的餵食與睡眠時間進行調整。他們尊重每個嬰兒的飲食習慣與對食物的偏好。	● 照顧者對於學步兒有適切的期望。當孩子嘗試做某件事（如穿靴子）時，照顧者會觀察孩子自己能夠做些什麼，並在需要時提供協助。 ● 照顧者對於學步兒的身體及身體功能有健康和接納的態度。 ● 照顧者尊重每位學步兒對熟悉物體、食物和人的喜好；允許他們選擇並保有喜歡的物品，包括到處隨身攜帶自己喜愛的物品。
溝通	● 照顧者理解嬰兒透過哭泣與移動身體的溝通方式，能夠以平靜、溫柔與尊重的方式給予合宜回應。 ● 照顧者觀察與聆聽並回應嬰兒所發出的聲音；模仿小孩的發聲並了解發聲是溝通的開始。 ● 照顧者經常對著嬰兒說話、唱歌與閱讀。這對嬰兒的語言發展很重要。	● 照顧者主動與學步兒談話，給他足夠的時間做回應，並能夠聆聽與回應孩子的口語表達。 ● 照顧者給予物件標籤或名稱、描述事件，以及反映感受（「你對 Yvette 拿走積木感到生氣嗎？」），以幫助孩子學習新的詞語。照顧者使用簡單的語言和剛開始學說話的幼兒談話；接著當孩子有了自己的語言時，就藉此加以延伸（孩子：「馬克襪子。」成人：「哦！那是馬克丟掉的襪子，你找到它了。」）。 ● 照顧者詢問幼兒家人有關孩子在家裡是使用何種聲音、詞語和非語言的訊號，以便能夠更佳了解孩子的意思。 ● 照顧者了解每位孩子的哭聲所代表的意義（如恐懼、挫折、愛睏、疼痛），並給予迅速合宜的回應。

（續下頁）

表 4-1-1　照顧者與嬰幼兒關係的合宜發展實務（續）

對象 向度	嬰兒	學步兒
積極 輔導		● 在幼兒與他人互動中，照顧者給與他們行為表現的模範。為幫助學步兒排解紛爭，照顧者使用言語表達發生什麼事，以及幼兒的可能感受是什麼（「你想玩那輛車嗎？Shantel 現在正在玩；讓我們看看是否能在架上找到另一輛車」）。 ● 照顧者耐心的引導幼兒，幫助他們學會控制自己的衝動與行為。 ● 照顧者了解幼兒的不斷測試底限，並表達反對的意見（「不！」），此為做為自主個體的孩子培養健康自我意識的一部分。 ● 除了與幼兒立即安全或身心健康有關的情況外，照顧者盡量避免對幼兒說「不」。成人應給予正面措詞的指引或選擇（「在鼓或地板上敲打」），而非只是限制（「不要敲打桌子」）。

資料來源：出自 Copple, Bredekamp, Koralek, & Charner（2013: 52-55, 66-71）。

　　綜上文獻所述，照顧者與嬰幼兒建立親密互動關係，一方面使嬰幼兒在相互依存的融洽氛圍中參與日常保育，以利當下合宜的教育；一方面形成嬰幼兒心理上的安全堡壘，方能支持平日的環境探索，做為發展與學習的基礎，筆者將具體落實策略歸納如下：

（一）實施主要照顧者制度

　　實施主要照顧者制度，乃指在托育中心的每位嬰幼兒都有一或兩位主要照顧他的老師，這位老師完全負責孩子的所有教保事項，而不是將教保事項分工，如有人幫他換尿布、清潔，有人負責餵食，有人負責講故事或哄他入

睡。主要照顧者制度能讓老師與嬰幼兒間較易建立依附關係，老師對孩子也較能有完整的了解，並與嬰幼兒的家庭較為熟捻。有如前述英國基於托育法在《幼年基礎階段法定框架——出生至 5 歲孩童的學習、發展與照顧標準》中，就明白規定每個嬰幼兒要指定一位主要照顧者。

（二）採行持續性照顧

長時間與熟悉的照顧者分開，以及與對他重要的人重複的「拆離」與「再依附」，會造成情緒上的痛苦憂傷並導致長久性的問題（National Scientific Council on the Developing Child, 2004）。盡量讓每位嬰幼兒受到同一位教師的照顧時間長久些，促進兩者間的關係，不要經常更換或採用較短的年齡間距分班，如以 6 個月分班就可能太短，孩子與老師間好不容易建立了關係，又要彼此分離，孩子晉升到另一班，得要重新適應新的老師與環境，可以說一直處於心理不安全的狀態中。在這樣的考量下，其實適度混齡的合班制度也是一種考量，孩子可以與大部分其他的成人或同伴相處較久，利於彼此關係的建立。

（三）秉持尊重態度以愛回應需求並互動

孩子是一個活生生的個體，要把他當成一個人看待，必須尊重他，例如在抱他、移動他時，要先行告知：「來！這裡太擠了，我把你抱到另一邊。」以及小心輕輕的放下，而不是像搬動物體般，在嬰幼兒毫無心理準備下被移動且大力為之。再且教師必須經常與嬰幼兒在肢體上親密接觸，如抱著共讀繪本、一起玩玩具或進行活動、合唱手指謠等，並運用語言溫和的說話互動，讓嬰幼兒知道發生什麼事情，也深感自己是被老師關愛的。而當嬰幼兒哭泣或有其他需求時，則必須充滿愛與關懷敏捷的回應或關心他（如圖 4-1-1a. 與圖 4-1-1b.）。

圖 4-1-1a.　老師愛與關懷

圖 4-1-1b.　老師愛與關懷

（四）將保育與作息視為課程

　　在換尿布、清洗、餵食、用餐、更衣、如廁訓練等日常生活作息中，就是具有教育意涵的課程時間，讓孩子共同參與其間，與照顧者互動、合作，一方面建立親密的互動關係，一方面也傳達教育意義；相對的是，照顧者把保育與作息當工作般，面無表情的操弄著孩子的身體，急躁的完成，或為增加進行順利度，給孩子玩具把玩讓他分心。舉例而言，在換尿布時，教師親切的與嬰兒說著話，告知現在正在做什麼，如：「我要把濕的尿布換掉喔！」「來！抬起腿，我幫你把屁屁擦乾淨，會有一點涼涼的，擦了你會比較舒服喔！」、「現在換上乾淨的尿布」「很舒服，對吧！」在這換尿布時刻，教師日復一日的豐富對話是嬰幼兒語言發展的良好契機，孩子也日漸理解清潔、乾淨的重要及與舒適感的關係，當然最重要的是建立親密互動的關係，成為孩子發展與學習的安心堡壘與基礎。簡言之，教育是必須從保育所營建的親密關係中，才能著根發展的。

其實像開學之初嬰幼兒於父母離開時所表現的分離焦慮，也是課程的重要內涵，因為學習與人分離是人生一輩子的功課。因此老師在開學前就要準備好活動室，使成為吸引人的探索環境並預備一些有趣的小活動；而在開學的那個月要耐心與愛心的陪伴或高度關注，協助孩子應付焦慮並舒緩情緒。例如當父母離去時，教師可以先抱緊孩子溫和的表示理解他難過傷心的理由，表明會在旁陪伴著他，容許他抱著從家裡帶來的小熊或安全毯以安撫其情緒，並且用有趣的教具或活動吸引他，或請混齡班較大孩子安慰他等。當孩子學會抒發並掌控自己的情緒，對於社會關係發展絕對是有益的，所以是課程的重要內涵。此外，生活中孩子之間的紛爭、自行餵食、穿衣與飯後清理等的生活自理事項，也是重要的教育內涵。

（五）具可預測與彈性的日常作息

　　每日作息時間最好是固定的，如點心時間、用餐時間、戶外時間、午休時間、故事時間等，讓嬰幼兒可以預測接下來要做什麼。亦即可預測的作息讓嬰幼兒具有心理安全感，但並不表示作息是一成不變的。基本上，作息流程要適度的保有一些彈性或不要太緊湊，才能因應突發事故，也才能讓嬰幼兒感到舒適放鬆，而非一直被催促著往接下來的作息時間趕進度。這樣的可預測又保有彈性的作息才能讓教師與嬰幼兒間較為從容自在，心情放鬆，雙方才有可能建立較佳關係。

（六）與家庭合作成為育兒夥伴

　　嬰幼兒生長在家庭中，最了解他的是他的父母，因此與嬰幼兒的家庭保持密切合作，甚至成為夥伴共同育兒，極其重要。例如每天早晚接送時的歡迎與交換訊息、親師聯絡本的書寫、打電話聯繫等，都是增進合作與夥伴關係的必要方式。此外，盡量從父母處獲得有關孩子習性、喜好與用語等各種資訊，或是讓孩子帶生活中重要時刻照片與喜愛的物品，都是理解孩子與家庭的重要方式。

（七）實施開學轉銜導入工作

　　嬰幼兒離開家庭進入陌生的學校是一件大事，協助嬰幼兒順利的從家裡轉銜到托育中心是很重要的，在開學期間托育中心或幼兒園必須善加導入與協助（Robson, 2003），因為順利的轉銜與導入，攸關嬰幼兒日後與教師依附關係的建立。可用的轉銜與導入措施，諸如在嬰幼兒決定就讀托育中心前，盡量安排去該中心至少一次「遊玩」或逗留的機會，讓嬰幼兒熟悉環境，最重要的是與老師見面建立初步關係。而在開學之日當家長跟嬰幼兒說再見後，負責教保的老師能具愛心與耐心的撫慰因分離焦慮而哭鬧的幼兒，給予充分的愛與支持，幫助其轉換情緒並逐漸融入團體中（如圖 4-1-2a. 至圖 4-1-2c.）。讓新生

圖 4-1-2a.　老師撫慰分離焦慮嬰幼兒

圖 4-1-2b.　老師撫慰分離焦慮嬰幼兒

圖 4-1-2c.　老師撫慰分離焦慮嬰幼兒

分批入學並受到專門照顧是一個可以全心幫助個別孩子的機制，當然等到新生全部到齊會拖很長時間，不過每個孩子將會得到較好的幫助。如果無法做到分批入學，就必須在開學的一段時間內加派人手幫忙，並且以豐富的活動吸引孩子；此外，容許孩子從家裡帶來喜歡的物品，如安全毯、照片、玩偶、玩具等，讓孩子慰藉以舒緩情緒，也是很有用的方法。

第二節　安全、健康暨豐富的環境——支持探索與學習的物理基礎

　　安全、健康暨豐富的環境是落實嬰幼兒 STEM 探究活動兩大基礎要件之第二件，同時也是高品質托育的必要條件。因為有了親密互動的關係，建立了嬰幼兒探索時心理上的安全堡壘，還要具有優質的環境，才能觸發與激勵幼兒，讓幼兒的探索有所發現或建構。至於安全、健康與豐富的環境之基本信念是：遊戲與探索即課程，強調遊戲與探索對嬰幼兒發展與學習的重要性，珍視環境為發展與學習的觸媒場域。本節探討安全、健康暨探索的環境的意涵、基本信念與具體落實方法。

一、安全、健康暨豐富的環境之意涵

　　嬰幼兒是透過感官探索周遭環境而學習與發展的，因此嬰幼兒環境必須著重安全、健康面向並在質與量上均為豐富，使其無安全上的顧慮可盡情探索並且是吸引孩子值得探索的環境。安全是嬰幼兒托育機構首要著重之務，安全的環境包括不具危險性與傷害性，如家具無尖銳角、櫥櫃穩固且具安全鎖、危險物品或藥品遠離幼兒、提供安全無毒玩具、加蓋於插頭孔洞、移離有毒植物、樓梯加設防墜措施、活動空間可全覽所有動態等，以上措施或做為之目的在使嬰幼兒安全無虞，免於身體傷害。此外，制定消防防護計畫、訂有緊急事故處理流程、張貼逃生路線圖、備有附近醫院電話與個別緊急事故聯繫方式等，以及托育人員均備有有效的CPR急救證書，對於減輕或利於處理危險傷害，也有一定的作用。

　　其次安全的環境也是乾淨、衛生的狀態，使嬰幼兒免於各項疾病健康成長，例如實施入園防疫措施、每間活動室裝有紫外線殺菌燈、玩教具每日清洗、維護用餐與睡眠等區的清潔、定期清理空調設備、設有餐具殺菌設備、定期清理飲水機、定期消毒整體環境如地面與各種設備等，因此衛生、健康

的環境通常也是安全的環境。有了安全與健康的環境，嬰兒與學步兒方得以放心的四處爬行與探索，不致受傷與患病，且能健康成長與發展。可以說沒有安全與健康的物理環境，根本談不上保育與教育，托育機構的品質實令人堪憂。

　　至於豐富的環境意指一個有趣能引人入勝的環境（engaging environment），它能吸引孩子投入各種行動，諸如移動、觸摸、品嚐、拋擲、搭建、扮演，並且也能關注他們的疑惑與好奇，增進學習與發展（Wittmer & Peterson, 2018）。豐富的環境包含質與量兩個面向，不僅品質上很豐富，像是玩教具具開放特性，能彈性的玩出變化，其次是玩教具有多元類別，例如擁有許多不同領域與玩法的玩具，吸引嬰幼兒探索操弄；而且在玩具的數量上也需充足適量，尤其是有趣的玩具數量，可同時容許幼兒平行遊戲，相互激盪。整體而言，它是一個「量適質豐」的環境狀態，容許運用各種感官探索遊戲，符合嬰幼兒一貫的學習方式。可以說安全、健康暨豐富的環境讓嬰幼兒的探索與成長無後顧之憂，且是嬰幼兒發展的觸媒劑，直接影響托育的品質，因此吾人必須密切關注。

✴ 二、安全、健康暨豐富的環境之基本信念──遊戲與探索即課程

　　提供安全、健康暨豐富的環境是基於「遊戲與探索即課程」的基本信念，即嬰幼兒是在遊戲與探索中發展與學習的。在此首先探討遊戲與探索的關係，其次論述「遊戲與探索即課程」的意涵。

（一）遊戲與探索諧融關係

　　筆者認為遊戲與探究二者關係密切，甚至彼此鑲嵌、諧融共生，難以區辨。首先，探究行為與遊戲行為均是受到個體本身的內在動機所驅使，試圖去多了解那個物體，而且主體身心是完全投入與神情愉悅的。當孩童初到一個遊戲場，他很可能被新鮮的遊具設備所吸引，抵擋不住立即投入遊戲的誘

惑，所以先遊戲再慢慢探索；孩童也有可能先探索這陌生的遊具設備，以蒐集此物是什麼的訊息，然後再遊戲；當然也有可能是一面遊戲一面探索，其實兩種行為通常是交織密合、難以劃分，外人也難以區別（周淑惠，2013，2018d）。

　　Cecil、Gray、Thornburg 和 Ispa（1985）曾指出，幼兒通常始於「好奇」，即有興趣於這是什麼東西？接著運用各種感官去「探索」以蒐集「這東西是什麼？」的訊息，即尋找這個東西的可能性；再而是「操作玩弄」試試看可以用這個東西做什麼？即操弄這個東西的可能性；最後則是試試看可以「重新創造」、發明或解決什麼？也就是以不一樣的方式去把玩它。以上幼兒表現的順序為「好奇→探索→遊戲→創造」。不過筆者則認為，也有可能是第二、三步驟對調的「好奇→遊戲→探索→創造」表現，即幼兒在好奇下，先衝過去玩，其後也在玩中探索著還有哪些不同的玩法？最後創造出不同玩法。甚至幼兒的表現也可能是遊戲與探究兩者交織融合、同時發生的狀態，即一面玩一面探究，在遊戲的氛圍下探索著，或在探索的氛圍下遊戲著，兩者相生相隨，幾乎完全重疊密融，旁觀者也很難分辨他到底是在遊戲還是在探索。

　　舉例而言，當幼兒第一次接觸手電筒時，通常會不停的探索這個東西是什麼？可以做什麼（探究）？當無意間發現可以投影時，就會不停的對著物體照射玩弄手電筒（遊戲），之後當幼兒再度拿到手電筒時就會很興奮的把玩、四處亂照（遊戲）。而見到手電筒拿近拿遠，所被投射物體的影子大小也會隨著變化時，在好奇心的驅使下，可能形成探究程序中重要的推論或預測，然後再用操作行動去驗證其想法（探究）——不斷對著物體把玩手電筒，將手電筒或物體調近、調遠或從不同角度操作，觀看投影結果，最後將其發現大聲宣布或手舞足蹈的宣示；而說實在的，這個孩子在遊戲中探索著，也在探索中遊戲著，是遊戲，也是探索。再如在「童玩」主題中對陀螺的探究，幼兒在拋打陀螺遊戲中探究何種陀螺轉得久、轉得好，也在探究行動中玩瘋起來，遊戲與探究，實交織融合。

事實上，探索與遊戲經常被相提並論。例如 Hutt 等人認為「探索也是遊戲行為的一種」，也就是遊戲有兩種層次，即這東西是做什麼用的「知識遊戲」（epistemic play），以及我能夠利用這東西做什麼的「嬉鬧遊戲」（ludic play）（引自 Wood & Attfield, 2006, p. 85）。此外也有「探索性遊戲」（exploratory play）一詞出現，或將遊戲看作是一種「廣泛的探索」（Sponseller, 1982; Vandenberg, 1986, 引自黃瑞琴，2001）。而無論是「探索是遊戲行為的一種」，或者是「遊戲是一種廣泛的探索」，或是「探索性遊戲」，均顯示遊戲與探索二者關係之密切、彼此諧融鑲嵌，因此筆者以為沒有必要刻意去劃分它們。

（二）遊戲與探索即課程

遊戲與探索攜手共生，重要的是，二者諧融交織後，孩童不僅建構與發現知識，如上述手電筒例子，孩子體驗與發現：物體離光源之遠近，會影響影子之大小；而且很可能接續產生創造行為，如同以上 Cecil、Gray、Thornburg 和 Ispa（1985）所指之幼兒表現，或是有如 Wood 和 Attfield（2006）所指，從探索至遊戲行為間的使用與轉換物體，均提供了創造力學習的環境。可以說遊戲與探究是幼兒創造的前奏曲，二者對幼兒發展與幼兒教育的重要性，無庸置疑。又遊戲之功能甚多，筆者曾在《幼兒遊戲與課程》一書中，綜合各家文獻論述遊戲的功能，包括：(1)情緒與社會發展──促進自我管理與調節情緒、遠離自我中心並能觀點取代、增進社會性技巧與利社會行為；(2)認知發展──促進概念與知能發展、激發想像創造與解決問題能力、增進其他認知能力；(3)語言發展──提升口說語文能力、提升書面語文能力；(4)體能──含大小肌肉發展（周淑惠，2013，2018d）。

綜上所述，將遊戲與探索視為嬰幼兒課程，讓孩童在各種遊戲中探究，或探究中遊戲，在發展與學習上將是利益極多。職是之故，身為嬰幼兒的教師應多鼓勵與提供遊戲機會，嬰幼兒 STEM 教育即是透過與其遊戲及陪伴而進行的。從遊戲的認知性而言，嬰幼兒打從出生後就是以感官探索這個世

界，尤其在 8 個月左右能爬行之後，更是到處遊蕩或駐留探究。初生至 2 歲的感覺動作期嬰幼兒先是發展出功能遊戲，又稱練習遊戲，如不斷的敲打積木；2 歲以後的孩子有意圖的做出一些東西或造型，稱為建構遊戲，如用積木建蓋城堡，即遊戲的發展從操作物品到創作物品。又嬰幼兒在接近 2 歲時，已經發展出假裝遊戲（象徵遊戲、戲劇遊戲），象徵性的表徵心中意義；而高階的象徵遊戲是社會戲劇遊戲，將出現在 3、4 歲後。至於規則遊戲則較後發展，約在 6 歲進入具體運思期前後。

又從遊戲的社會性而言，如第一章所述乃由單獨遊戲、平行遊戲、聯合遊戲發展到 4 歲半以後的合作遊戲。因此身為教師，應對嬰幼兒遊戲的發展有所了解，方能針對需求加以滿足、鼓勵或強化。例如教師若要嚴格要求約 1～2 歲嬰幼兒一起玩玩具或分享玩具，似乎不太可能，僅能鼓勵與期望他，因為此時期的孩子還處於自我探索、單獨遊戲階段，所以對於一些好玩的玩具宜多準備，讓嬰幼兒能同時玩，以免發生爭奪，但並不表示數量要多，如每位嬰幼兒均有一份，而是充足適量即可，因為還有不同類別的玩具可供遊戲。

三、安全、健康暨豐富的環境之落實

安全、健康的環境很容易理解，在第一部分已經提及安全與健康環境的實際措施，如不具危險性與傷害性、乾淨衛生免於疾病等。因此本部分就托育中心區域規劃（含活動室內區角規劃）及玩教具加以論述，即焦點比較置於學習面向。在論及學習或遊戲環境規劃前，吾人必須了解：任何建築環境的規劃一定要關照理念彰顯、機能發揮與美感形塑三項規劃通則（劉育東，1997），即使是已經建築完成的環境，也要在既有限制中盡量彌補以實現以上三點。筆者在此一建築環境規劃通則上，考量幼兒的特性和需求，及影響幼兒學習環境規劃的新浪潮（如兒童遊戲權、環境行為理論與實徵研究、未來社會生活需求、幼兒教育趨勢等），還有相關文獻（如：黃世孟、劉玉燕，1992；Cohen, Hill, Lane, McGinty, & Moore, 1992; Moore, Lane, Hill, Cohen,

& McGinty, 1996），歸納出六項幼兒學習環境規劃原則：(1)遊戲探索；(2)多元變化；(3)互動交流；(4)潛能彈性；(5)溫馨美感；(6)健康安全（周淑惠，2018e）。此處分為整體環境區域規劃與教材選購或製作兩方面加以論述。

（一）整體環境區域規劃

以上六項通則基本上也適用於 0～3 歲幼兒環境，因為嬰幼兒是漸續發展至學前階段，很多特性是共通的。在此六項規劃通則與本書嬰幼兒「遊戲與探索即課程」理念及「量足質豐」考量下，整個托育機構不僅玩教具多元、有趣、適量，而且戶內外具有不同的遊戲區域劃分，如自然植栽區、大型遊具區、沙水區、心情轉換區、繪本區、創作區、遊戲區、扮演區等，吸引嬰幼兒駐足、觀察或探索。也就是不僅活動室內具有多元區角，戶外環境亦有多元區域，以滿足嬰幼兒的遊戲、探索需求，茲大略說明如下。

1. 戶外自然空間

愈來愈多的研究資訊指出，戶外自然環境的多元感官經驗，可促進感覺統合，而感覺統合提供了知覺甚至是認知發展的基礎（Gonzalez-Mena & Eyer, 2018）。戶外自然環境確實提供多元感官經驗，如光影變化、四季更迭、鳥語花香、樹茂草盛、地貌變化、沙土誘惑、流水潺動等，都可以讓嬰幼兒運用五種感覺去探索——赤腳走在泥土、草地、沙上或水中，聞聞花草香味、新鮮空氣，甚至嚐嚐香草植物，觸摸與把玩大小石頭、沙、土、落葉、松果、樹枝等，攀爬低矮樹木並在樹叢間玩捉迷藏及扮演遊戲，聆聽風吹草動、鳥叫蟲鳴、回音變化與流水聲，觀看各種花朵植栽、螞蟻搬物、蝴蝶飛舞與光影照射效果及變化等，這些感官經驗促進了嬰幼兒的感覺統合，擴展認知發展，甚至萌發 STEM 知能，是室內環境做不到的。

在大自然中探索益處甚多，誠如 Selly（2017）指出，處於自然有諸多的教育益處，例如自我管理，增強體能，勇於冒險與自信、創造性遊戲，對話專注等，尤其大自然充滿許多的附加零件或鬆散素材（loose parts），如樹

枝、松果、貝殼、石頭與其他物體，由於這些大自然的素材具開放性，可以加以創意使用，是STEM學習的重要元素。筆者以為大自然的一切都是STEM知能萌發之源，所以嬰幼兒每天都應有接觸並探索戶外大自然的機會，以做為 STEM 教育的基礎。Rivkin（1995）所言甚是，學校或托育中心若缺乏自然區域，無異是欺騙了孩子，對不起孩子。

托育中心最好有戶外空間並且規劃成多元區域。例如擁有豐富植栽的「自然種植區」，讓幼兒可攀爬、躲藏、鍛鍊體魄、休憩、扮演、種植、豐富認知與涵養情意等；鋪有綠油草坪或具坡度的「草坪嬉戲區」，讓幼兒可以翻、滾、爬、跑、跳、休憩、團體遊戲、踢球、觀賞、操作鬆散素材等；具有水池（如生態池、小水池）與比鄰的沙區，讓幼兒可親水嬉水並探索沙水的特性及沙水結合的效果。如果沒有戶外場地，建議托育中心盡量在適當地點擺放盆栽，或靠著牆邊置放可供較大嬰幼兒種植的容器，並且盡量運用附近社區的公園環境以為替代或補救；如果空間不敷使用無法規劃沙水區，可以用有輪子移動式的沙箱、水箱替代，平日可四處移動於室內外空間使用，蓋上上蓋就成為觀察桌或記錄桌（圖 4-2-1a.至圖 4-2-1d.）。

戶外環境除規劃自然植栽與草坪區域外，還可以設有供大肢體攀爬盪溜等、扮演與創意遊戲的「組合遊具結構區」（下鋪有軟墊）；供騎乘有輪遊具或推拉式有輪玩具、操作附加零件（或稱之為鬆散素材）與可在地面作畫等的「硬表層多功能區」等（圖 4-2-2a.至圖 4-2-2c.），以上這些遊具或遊戲或多或少涉及科學概念。此外，具有貓、狗、兔子等的「動物觀察區」、可供扮演與躲藏的「遊戲小屋」，或可供休憩與觀賞的木質平台，也是可以加設的遊戲區域。建議戶外場地盡量能提供陰涼之處，如種有大樹可遮陰，如無法做到，也可加裝種滿爬藤的頂棚，下面是硬表層多功能區，讓幼兒在豔陽天就可以騎乘三輪車、玩球與遊戲、操作移動性附加零件、跳舞律動等。

值得注意的是，有些幼兒園附設有托育中心，建議學步兒的戶外遊戲區域盡量與較大的幼兒分開，以免被大孩子碰撞；而且其遊具結構體最好是較符合學步兒尺寸，讓其可自行上下遊戲結構體，不致需要成人一直抱著或協

圖 4-2-1a.　移動式沙箱

圖 4-2-1b.　移動式水箱

圖 4-2-1c.　移動式沙、水箱

圖 4-2-1d.　沙、水箱成為觀察桌或記錄桌

助。而小嬰兒外出探索時，可以用毯子墊在柔軟草坪上，使其能享受自然景觀中的陽光、微風、花香與鳥語等，並觀看較大幼兒的遊戲與各種活動。

2. 入園轉換空間

　　分離焦慮是剛入園的嬰幼兒最難熬的時刻，每天到園前與父母分手極為痛苦，必須要有一個提供嬰幼兒轉換心情與調適之處所，它可以設在出入口通向室內的一個區域或前陽台，也可以是在進入室內後的一個小前庭或小角落，又或是與家長接送聯誼空間巧妙結合。如果是在室外，這空間中具有有趣的雕像、操作的介面、賞心悅目的植栽、小動物等，協助幼兒忘卻痛苦，

圖 4-2-2a.　硬表層多功能區

圖 4-2-2b.　硬表層多功能區

圖 4-2-2c.　硬表層多功能區

轉換心情，如圖 4-2-3a.至圖 4-2-3c.是由溫馨如家的托嬰中心前門進到通往室
內前庭的一個小角落，具有轉換心情的效果。如果是在室內可以放上舒適的
沙發、鋪上地毯與置放大型玩偶等，將其布置得溫馨可人；或有一些操作的
有趣介面，可瀏覽、觀賞、操作、遊戲、塗鴉、依偎、蜷曲自己，以轉換情
緒。當然也可以是內外都具有轉換心情的空間，無疑是幼兒最大的福氣了。

3. 活動室內空間

　　除了得天獨厚具有寬闊空間的托育中心外，一般托育中心的嬰幼兒活動
室不僅是個複合的生活房，而且也是個複合的活動房，集生活與活動於一

圖 4-2-3a.　入園轉換空間（門面）

圖 4-2-3b.　入園轉換空間（入口）

圖 4-2-3c.　入園轉換空間

室，通常設有保育生活區域，如調理台（或稱調奶台，含洗滌槽，可放置調製奶品的奶瓶消毒器與溫奶器、清潔用品等）、護理台（或稱沐浴台，含沐浴槽、換尿布檯面與尿布墊、尿布櫃及清潔用品等）（圖 4-2-4a.與圖 4-2-4b.）、嬰幼兒個人置物櫃、棉被櫃、塑膠床墊堆放區或嬰兒床區等滿足生活所需區域外，剩餘可做為活動的空間較為有限，因此彈性多功能的設計就顯得非常重要。又接近 2～3 歲左右嬰幼兒的廁所最好在活動室內（圖 4-2-5a.與圖 4-2-5b.）或鄰近門外，通常這時期的嬰幼兒正在進行如廁訓練，就近可用對他們非常必要。

圖 4-2-4a. 保育生活區域

圖 4-2-4b. 保育生活區域

圖 4-2-5a. 活動室內的廁所

圖 4-2-5b. 活動室內的廁所

雖然空間有限，不過在嬰幼兒活動室區角方面，尤其是約 2 歲以前，盡量要具備大型體能遊戲結構（最好是軟質、可堆疊，平日置於活動室一角較不占空間，亦稱為感覺統合教具），供身體急速發展的嬰幼兒攀爬運動，鍛鍊大肌肉動作（圖 4-2-6a. 與 4-2-6b.）；也可提供木質樓梯，對約 1～2 歲會走路正學爬樓梯的孩子，很有幫助（圖 4-2-6c.），但需要老師在旁注意安全或協助。有些樓梯組一面為樓梯、一面為滑梯、中央底部是圓弧狀有如隧道可穿越，整體像是一座橋，也是很好的體能動作教具。此外，開架繪本區、玩具區（遊戲區或建構玩具區）、鄰近水槽可與餐飲桌結合的藝術創作區，都是必要的區角規劃。隨著嬰幼兒年齡漸增可以增加積木區（或與建構玩具

圖 4-2-6a.　大型體能遊戲結構組

圖 4-2-6b.　大型體能遊戲結構組

圖 4-2-6c.　樓梯結構組

區結合），接近 2 歲萌生象徵遊戲階段可以規劃扮演區。務必記得相對於出生嬰兒，年齡愈大的嬰幼兒愈需要有足夠的空間翻滾、爬行取物、走動探索。

而整體活動室區角的規劃要注意以下原則：統整考量多元區域、設置流暢動線、具有綜覽視線、區域配置要同臨異分（相同性質區域鄰近設置）、顯示明確界線與內涵、創設彈性可變的設計（如移動式的階層平台、小夾層閣樓、升降式地板、活動隔門等）等（周淑惠，2018e）。又在不同區角間，地板的材質可加以變化，讓嬰幼兒感受多元質地，也可做為自然的區角界線區隔。例如睡眠區是木製地板，遊戲區在木頭上或其他材質上再加鋪軟墊（圖 4-2-7a.與圖 4-2-7b.），靠近水的藝術創作區兼餐飲區可鋪設較易清理擦拭的磁磚或其他材質。

除了多元變化的區角空間供遊戲探索外，很重要的是，整體室內環境要布置得溫馨、整潔且具有美感。家具形體、色彩、質地等要和諧搭配，所有物件均有定位且彼此協調；又盡量從躺著的嬰兒角度去布置環境，例如不要有燈從天花板刺眼直射。此外，筆者建議可以像家庭一樣置放成人小沙發，讓托育中心老師可以輕鬆坐著抱嬰兒喝奶，或與 2～3 個嬰幼兒依偎著閱讀、唱歌或進行小遊戲，體現互動交流規劃原則，有利溫馨氛圍的營造與良好關係的建立。

圖 4-2-7a. 遊戲區域加鋪軟墊

圖 4-2-7b. 遊戲區域加鋪軟墊

4. 保健室

對於生病或發燒的孩子，保健室提供一個安靜休憩的空間，而且可以與其他孩子適度隔離，否則很容易交叉感染，迅速擴散至其他嬰幼兒，這是極為必要的空間。它最好鄰近園長室或行政辦公空間，或者就在園長室的一個角落，成人隨時可加照料。保健室內要有定期補充、藥品充足的醫護箱，也可以備有噴霧器幫助感冒咳嗽的孩子感到舒適。

5. 彈性活動空間

托育中心最好備有彈性空間可資運用，如大肢體活動空間，以供下雨天時嬰幼兒進行體能方面的活動或伸展肢體，另外也可做大型聚會之用，如全園慶生會、家長座談會或早教活動等（建議早教活動或親子活動最好遠離2、3歲以下嬰幼兒活動室）。再如半戶外空間，即在戶內、外交接處有遮陽遮雨設計的陽台或廊道，不僅可做為本身功能之用，還可以做為活動與互動交流的多功能空間，若能與爬藤類植物結合，營造自然溫馨的美感，可為托育中心加分。

6. 其他服務空間

其他間接服務嬰幼兒的空間尚有接送聯誼空間，可讓其他接送的家長做較長久的等待，以及聯誼交流或瀏覽教保資訊；還有園長室或行政辦公空間是管理整個托育中心之處，也是重要檔案與文件存放處；又職工休憩空間是讓老師與職員暫時休憩、恢復精力之處，也是必要的空間。此外教具與設備儲藏室、洗滌消毒空間等都是托育中心可能需要的空間；甚而供餐點的托育中心還要有廚房，而嬰幼兒食物外送者則須設有備餐房，完全視托育中心的服務內容與狀況而定。值得一提的是，哺（集）乳空間對喝母乳的嬰幼兒與母親，是非常友善的空間，亦可考慮，如空間不敷設置，可與保健室結合，但適度區隔並消毒以保衛生與隱私。

（二）教材選購或製作

教材包括市售或自製玩教具與操作性素材。無論是玩教具或素材盡量要做到量適質豐，足夠適量很容易理解，品質豐富乃指具開放性與類別多元，特別說明如下：

1. 具開放性

開放性的教材包括開放性的玩教具與開放性的素材，是強調探索、解決問題與工程設計歷程的STEM教育之不可或缺的操作物。首先，開放性的玩教具是指單一教具之結構性低、限制性較少、能加以彈性變化有多種玩法的玩教具，如可供建構各種造型的積木、樂高、大雪花片等的建構性玩具。舉磁吸性積木為例，由於具有磁力，它可向四面八方連接成各種立體造型或長梯，也可在平面上輻射構圖，再從中心抓起時，可立即變為立體房屋、摩天輪等有趣造型。另外由許多形狀、顏色組成的常見膠質幾何片，也可以玩出許多變化：分類、排列型式、自由造型、玩屬性異同接龍的邏輯遊戲等。再如安全鏡子也可供嬰幼兒探索玩出變化，它可鑲於牆面直接玩影像遊戲（圖4-2-7b.），也可配合其他鏡子、手電筒玩反射、對稱等遊戲。

筆者非常推崇的大型軟質體能遊戲結構組（或稱為感覺統合教具組），它的個別結構體都可任意加以變化，如半圓形結構體可站立，形成可爬行穿越的隧道（圖4-2-8a.）；亦可倒反，形成可躺臥的搖椅（圖4-2-8b.）；又可側面擺置，形成假扮遊戲的堡壘（圖4-2-8c.）。又圓環型結構體可拼組、亦可享受坐在裡面的封圍感（圖4-2-8d.），甚至可以用來滾動追著跑或玩你滾我接遊戲等。即使個別結構體，在嬰兒室也等於是單純的家具（圖4-2-8e.）。最棒的是，不同形狀的體能結構可共同組成各種有趣的大型遊具，如圓柱體架在兩個台階上，形成滾筒式獨木橋；也可以拼組成大型堡壘、階梯戲台等，供扮演、觀賞、攀爬、行走之用，用途實在多元。

圖 4-2-8a. 體能遊戲結構組

圖 4-2-8b. 體能遊戲結構組

圖 4-2-8c. 體能遊戲結構組

圖 4-2-8d. 體能遊戲結構組

圖 4-2-8e. 體能遊戲結構組

市面上有一種形狀配對箱框，大體上都是箱框上的孔洞與數個立體形狀一對一配對，筆者以為，若能改為不只一種形狀能塞入孔洞的設計，將會使嬰幼兒嘗試將立體形狀轉到不同的面向，設法塞入以解決問題。例如正方形的孔洞可以塞入一般的小立方塊，也可以塞入長柱體（轉到底部正方形塞入），甚至也可塞入邊面為正方形的三角柱（三面都可塞入）。開放性的教具比較能吸引幼兒探索、思考與試圖解決問題，或玩出效果。筆者突發奇想，想製作一個中央纖細的透明壓克力沙漏型玩具，它可以單純的只搖晃裡面的彩色珠子，有如沙鈴般發出聲音；也可以像塑膠小鴨般，按壓捏擠會發出不同的聲音；又可以對著陽光照射，產生七彩折射的絢麗效果；也可以將其傾斜到某一角度使彩珠從中央洞口滾落到另一邊，有如沙漏效果又可訓練手眼協調；甚而可數個連接成各種有趣、具美感與創意的造形，這也是一種開放性的玩具。

至於開放性素材，例如沙子、水、紙張、黏土、麵糰等，是結構性低、限制性少的材料，嬰幼兒可以運用創意加以變化，如沙子可以來回傾倒於容器、玩篩沙畫，或是單純的尋寶遊戲，將物體藏於沙中並用磁鐵尋寶，或以容器形塑沙堡建築，開渠引水形成水道與水庫等。也包括回收的材料，例如衛生紙捲筒、盒子、紙箱、瓶罐、大吸管等；也可以是大自然素材，例如大小石頭、落葉、松果、貝殼等。重要的是，嬰幼兒均可將這些素材創意運用與發揮，例如衛生紙捲的捲筒可以是傳聲筒、當車子的輪子、做玩偶、當花器、口徑處直切彼此連接成大的造型、橫剖連接數個當滾彈珠的軌道（滾物坡軌）等，實在是變化無窮。

2. 類別多元

Barbre（2017）針對嬰幼兒 STEM 教育提出了發展合宜 STEM 教材的檢核表，可幫助有心實施嬰幼兒 STEM 教育者之參考：(1)多元工具，如放大鏡、眼藥水滴管、鉗子、天平或磅秤、磁鐵；(2)多元繪本，如關於農場生活、海洋、森林、昆蟲、生命周期和動物園；(3)積木與可供搭建及工程設計

的回收素材；(4)可計數與分類的操作教具；(5)各種球類與感官素材；(6)小車、卡車與可供推拉的有輪玩具；(7)會生長與隨時間推移而改變的生物；(8)會反射光與影的物體；(9)如沙與感官遊戲的戶外素材等。

　　筆者以為，托育中心的玩教具與素材最好是類別與領域均為多元，不要只是集中在某些類型的玩教具，讓嬰幼兒可以有多種選擇與不同刺激。例如有簡單的拼圖、配對的「益智性玩具」；大泡綿、大樂高、具磁力的各種積木，或可連接套鎖的「建構性玩具」；敲打會反應、按壓能發聲或彈跳等有行動效果產生的「反應性玩具」（如圖 4-2-9a.與圖 4-2-9b.，1 歲左右的嬰幼兒都很喜歡）；套圈圈、套杯子的「手眼協調玩具」；當然打擊節奏或彈奏的「音樂性玩具」也不能少；也不能遺漏大型軟質體能遊戲結構、鑽龍、跳跳馬等大肢體的「體能運動遊具」，或是各種大小尺寸的球類或球池等。

　　此外，各類「藝術媒材」也很重要，如手指膏、大蠟筆、黏土、麵糰、粉筆等的創作原料，但要注意其材質是無毒的；又如紙盒、箱子、飲料瓶、布丁盒、衛生紙捲筒等的回收材料，落葉、果實、樹枝、石頭、貝殼等的自然材料等均應包括在內，讓嬰幼兒能多元創作，但要注意清潔衛生，尤其是回收材料。甚至常用的家用簡易機械或工具，如開罐器、開瓶器、手動擠檸檬器、削皮器、挖冰淇淋勺子、漏斗、篩盤、滴管、放大鏡、稜鏡、望遠鏡、滑輪、齒輪、天平等，以上這些簡易機械、工具是使人類生活方便的技

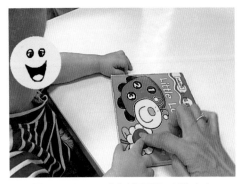

圖 4-2-9a.　反應性玩具（繪本）

圖 4-2-9b.　反應性玩具

術發明或工具，在 STEM 教育上很重要，因此在老師的鷹架下，也可讓嬰幼兒把玩與探索。

第五章

嬰幼兒 STEM 教育之設計與實施

嬰幼兒 STEM 教育既是抓住腦部發展關鍵期，並順應嬰幼兒好奇天性，且符合未來時代需求，在實務上又是可行的，那麼要怎麼具體地落實它呢？立基於第四章所提及的兩項教保基礎——親密互動以為探索與學習之心理基礎、安全暨豐富的環境以為探索與學習之物理基礎，本章共分兩節，分別探討嬰幼兒 STEM 教育究竟要如何設計以及如何實施，提出設計與實施的重要原則。又本章特點是，在第一節設計的部分，分析第六章活動示例的各個活動的設計目標與設計內容，讓讀者更清楚嬰幼兒 STEM 教育的設計實務；同時也在第二節實施的部分，論及第六章活動示例中的鷹架實例，讓讀者充分理解嬰幼兒 STEM 教育之鷹架引導實務。

第一節　嬰幼兒 STEM 教育之設計

　　坊間 STEM 教育之具體作法不太一致，從只是針對 STEM 某一特殊內容進行每星期一至二小時的課堂，或者是插入式的強化專班，到有意連結STEM所有領域內容與實務的完全整合式課程（Selly, 2017）。Moomaw（2013）也指出幼兒 STEM 教育可以在教室區角進行，也可以以班級方案（項目、主題）的方式探索，而且戶外場地、校外教學皆可落實，甚至是每日生活事務或活動也可涉及。本書建議有心落實嬰幼兒 STEM 教育者，為建立信心與鋪墊根基，可採用漸進方式逐步落實，例如從一兩個活動、一兩個區角開始，再擴展至以主題課程或方案課程加以統整的方式；當然也可以是一開始就與主題結合，所有的活動均與主題相關。而無論是哪一種實施方式，對於初次實施者都必須先行設計再據以實施，除非是跟隨幼兒興趣萌發課程之有經驗者為例外。本節即在論述嬰幼兒 STEM 教育要如何設計，至於設計必先確立目標，然後根據目標設計內容，分別敘述如下，並綜合如表 5-1-1 所示。

表 5-1-1　嬰幼兒 STEM 教育之設計

設計目標	設計內容
• 實現全人發展 • 引發好奇與探究行動 • 培養解決問題能力	• 生活化的設計 • 伴隨開放有趣教材的遊戲 • 跨領域的設計

一、嬰幼兒 STEM 教育之設計目標

　　論及嬰幼兒 STEM 教育的設計目標，首先離不了第二章嬰幼兒教保實務通則的教保目標——「全人發展」，即身心靈健全是教保實務之最高指導原則。在此原則之下，為實現嬰幼兒 STEM 教育，在設計上還要做到「引發好

奇與探究行動」、「培養解決問題能力」，因為第三章提及 STEM 教育的四項特性暨實務作法為：(1)解決生活問題；(2)運用探究方法；(3)歷經工程設計的活動；與(4)實施跨領域的課程，因此嬰幼兒 STEM 教育的目標即在培養解決問題與探究的能力。說真的，儘管不同學者對 STEM 教育有不同的運作方式，但都是主張讓孩子在實施歷程中激起好奇心，以試圖探索或解決問題。誠如 Stone-Macdonald、Wendell、Douglass 與 Love（2015）將 STEM 教育視為工程設計中的解決問題活動般，特意透過這樣的活動，讓幼兒運用好奇、彈性等較高層次的思考，因為工程與工程師就在我們周遭，每人每天於生活中從事許多工程般的解決問題活動。以下說明這三項目標。

（一）實現全人發展

臻抵全人發展、培養完整兒童是嬰幼兒教保實務的最高目標，為實現嬰幼兒 STEM 教育必須遵循此一目標，設計讓身心靈健全的各領域均衡活動。因此教師在規劃每日、每週與每月作息活動時，就必須以整體宏觀的角度來考量與設計，而且於課程實施一段時間後，必須檢視整體課程之各領域是否均衡，若過於偏頗某些領域，則須設法補救修正。例如嬰幼兒活動室擁有許多繪本，孩子日常就是玩積木與各式建構性玩教具，以及讀繪本與聽兒歌律動等的活動，卻很少進行手指膏、黏土等藝術創作或是戶外、體能活動，因此就必須調整活動內容，讓嬰幼兒有機會外出探索大自然，進行大肢體活動探索自己的身體，或探索藝術媒材與創作。

筆者非常贊同 McClure（2017）之見──幼兒是能幹的 STEM 學習者，在好奇驅使下透過成人的協助，與周遭生活環境互動，自然地投入 STEM 學習中，整個歷程運用觀察、假設或驗證等的探究能力，不僅發展對 STEM 的理解，更是探究心智習慣的養成。其實這樣的 STEM 學習不只有認知（STEM 知識理解）面向，還包含了情意（好奇、喜探究）、技能（探究能力）方面，涉及到全人發展。很可惜有很多人擁有迷思概念，認為 STEM 教育就是要學到科學知識與概念，筆者以為對於嬰幼兒，STEM 教育反而更應著重於

心智習慣的養成，喜歡探究與習於探究，嬰幼兒若能喜歡探究與習於運用探究能力，知識大門自然容易開啟。

（二）引發好奇與探究行動

引發好奇的主要目的在激發興趣與接續的探究行動，它是學習的內在動機，也是學習最有力的元素（Stone-Macdonald, Wendell, Douglass, & Love, 2015）。因此設計能引發好奇與探究行動的活動，就顯得相當重要。第一章曾言，嬰兒天生好奇，以感官探索周遭人事物，以行動讓一定效果發生，年齡愈來愈大則有愈來愈多的「為什麼」發問，想要了解事物是如何運作的，因此提供新奇的玩教具與素材，或進行新鮮不同的活動經驗，可製造一定的刺激度或引發好奇，是活動設計的重要原則。這也就是為何活動室的教具與繪本要不時更新或添換，活動本身也要具有一些新鮮度的原因。

引發嬰幼兒好奇與探索行動的活動，諸如捉迷藏遊戲、神秘箱、寶貝籃裡有什麼？球可以怎麼玩？（後兩個活動請參見下章活動實例）。針對此種類型活動，以上Stone-Macdonald等人（2015）以及McClure、Guernsey與Ashbrook（2017）均曾建議與嬰幼兒共讀 *Where's Spot* 繪本（中譯本《小波在哪裡？》）。在共讀中藉著Sally狗兒找尋小狗小波（Spot）的故事，引發嬰幼兒在好奇心與伴隨的「預測」下，翻找書中各地點的小摺頁，如門後、鋼琴裡、地毯下等，以「驗證」他的預測，在「觀察」後發現不在裡面，又修正其「預測」並再度以行動「驗證」。又書中的語言很簡單，一直重複「牠在XX 裡面嗎？」或「後面」等不同物體名詞與空間詞，嬰幼兒能跟著朗朗上口。市面上有關這類能引發嬰幼兒好奇並伴隨探究行動或具有小翻頁的書很多，托育中心的教師們與家長可以善加利用，甚而進行後續相關的延伸活動。

（三）培養解決問題能力

STEM 教育很重要的部分是，面對生活中的問題加以解決，培養解決問

題的能力是其重要目標，因此最好是抓住生活中的問題，請幼兒幫忙解決。例如孩子在外面用各式容器玩水時，地上正好有一灘泥土，教師可以順勢詢問孩子怎麼樣才能把泥土送回花園裡或清理乾淨？又如在第六章「聲音大不同！──我會做沙鈴」活動中，教師故意製造較小聲音的沙鈴，問嬰幼兒要怎麼樣才能做出可發出很大聲音的沙鈴，能在哥哥姐姐的畢業典禮上表演，吸引大家注意呢？在另一方面，遊戲就是幼兒重要的生活內涵，因此對幼兒言，可以是生活中或遊戲中所遇到的各類問題。例如在遊戲活動中自然的出現或製造待解決的問題，很是重要，如特意拿走積木堆中某種形狀的積木，或在活動中不提供某種必要的工具，接著問嬰幼兒怎麼辦？可以用什麼東西替代？為什麼可以用它替代？再如在第六章「球可以怎麼玩？」活動中，如何解決比賽的公平問題，如何讓同款球溜得有快有慢？都是在遊戲中所遇到必須加以解決的問題。

又除生活中的問題、遊戲中的問題，繪本故事中的情境問題也很能吸引孩子投入情境，設法加以解決，市面上也有許多繪本內容是有關培養解決問題能力的，可以加以援用與延伸，據以設計相關的活動。例如繪本《阿文的小毯子》是有關幼小孩子的戀物問題及其巧妙解決，這對要上托育中心或幼兒園的幼兒是很好的共讀繪本，成人可跟他一起討論如何解決這個問題。另外也是繪本的《和甘伯伯去遊河》是有關小動物上船後不遵守規定，結果船翻了大家必須涉水回家，這個故事情境也可以跟嬰幼兒討論如何才不會翻船？並進行延伸活動，讓幼兒直接用各式容器當船，或是用黏土、錫箔紙等素材製作各種船，並用各種物品放於船裡，試驗會不會翻船，即涉及浮與沉概念的活動。第六章「沙真好玩！」活動中，幫國王建蓋有護城河或複雜的城堡，以免公主被抓走，即屬繪本情境中的問題，可吸引嬰幼兒投入探究設法解決問題。

二、嬰幼兒 STEM 教育之設計目標分析

　　第六章活動示例提出了三大類型活動——物體探索性、戶外探索性與藝術探索性，總共九個活動。為讓讀者更加理解嬰幼兒 STEM 教育的活動目標設計，此處分析這九個活動是如何符合 STEM 教育的教學目標，並請自行對照參閱第六章的活動內容（表 5-1-2 至表 5-1-4）。因全人發展目標是要從較長時間整體檢視課程是否關照全人，故不列在此處。

表 5-1-2　物體探索性活動之 STEM 分析——目標設計

活動名稱　設計元素	寶貝籃裡有什麼？	球可以怎麼玩？	聲音大不同！——我會做沙鈴
設計目標 — 引發好奇與探究行動	用有蓋的寶貝籃或神秘箱請幼兒猜測裡面有什麼，引發探究行動	以詢問球的各種玩法引發動機，並以斜坡與比賽情境引發探究行動	以製作可立即運用的樂器，引起動機，且素材的質與量不同聲音也就不同，引發探究與製作行動
設計目標 — 培養解決問題能力		解決遊戲中的問題：如比賽公平問題、如何讓同款的球（車）溜得有快有慢？	解決生活中的表演樂器問題

資料來源：筆者自行整理。

表 5-1-3　戶外探索性活動之 STEM 分析——目標設計

活動名稱　設計元素	沙真好玩！	水真好玩！	花草裡有什麼？
設計目標 — 引發好奇與探究行動	以好玩的沙坑與各種玩沙工具吸引幼兒動手玩沙	以好玩的水與各種玩水工具吸引幼兒動手玩水	以戶外環境的花草、昆蟲吸引幼兒投入探究

（續下頁）

表 5-1-3　戶外探索性活動之 STEM 分析——目標設計（續）

設計元素 ＼ 活動名稱	沙真好玩！	水真好玩！	花草裡有甚麼？
設計目標　培養解決問題能力	• 解決遊戲中問題：如何能將篩杯所繪沙畫保留下來？ • 解決遊戲中的情境故事問題：如設法幫國王蓋出複雜或有護城河的城堡，以免公主被女巫抓走；幫國家搭建水庫工程，以解救乾旱缺水問題	• 解決生活中的問題：如何讓地上的一灘汙泥不見？又池裡的水太多，如果不用容器，什麼方法能將池裡的水取出？ • 解決遊戲中的情境故事問題：如何幫助公主運送貨物過河？	• 延伸活動涉及解決生活中種植的問題：搭支架讓黃瓜藤攀爬生長

資料來源：筆者自行整理。

表 5-1-4　藝術探索性活動之 STEM 分析——目標設計

設計元素 ＼ 活動名稱	黏土可以做什麼？	看我印出什麼？	盒子可以做什麼？
設計目標　引發好奇與探究行動	以好玩的黏土與工具吸引幼兒投入探究行動	以手指膏或彩糊與附加操作物、身體部位，促動好奇與感官探索	以互送禮物與製作禮物本身，引發探究與製作行動
培養解決問題能力	解決遊戲中的問題：運用附加材料與黏土製作有意義的造型、挑戰作品的變化性或製作不同的作品		• 解決生活中的送禮問題、利用回收物解決生活中垃圾問題 • 解決遊戲中製作問題

資料來源：筆者自行整理。

三、嬰幼兒 STEM 教育之設計內容

（一）採行生活化的設計

嬰幼兒打從出生就開始以感官探索周遭世界中的人事物，例如以眼追隨人與物體的移動、將拿到的東西放入口中、以手把玩發現的物品等，而這些感官探索經驗提供了學習物體特性的基礎，可以說每日生活中的感官經驗或活動提供了 STEM 學習的基礎（Barbre, 2017）。學步兒雖因行動能力增加，其探索的世界加大了，但是還是以感官探索著，隨著時間的推移，在探索操作中逐漸加入語言的仲介與認知的擴展，深化了經驗，使其更能思考、提問與解決問題等。職是之故，STEM 教育的內容設計應立基於與日常生活中戶內外人、事、物互動的經驗，即嬰幼兒的周邊生活經驗，才是有意義的。

不僅活動中要解決的是與生活有關的問題，從嬰兒時期起就應提供他生活中的各種感官經驗，例如觸摸不同質地的布料，如棉、麻、絲等，或感受不同材質地面，如木板、地毯、磨石地、泥土、草坪等；與戶內外遇見的人互動，如園長、郵差、園丁、懷孕的他班老師、水電工人、廚房備餐阿姨等，或是與園內的寵物嬉戲如貓、狗、小鳥、金魚等；傾聽不同聲音的樂器、手搖鈴，或街道中、樹林裡的鳥叫蟲鳴；到花園觀看萬紫千紅的鮮花，並聞聞花香、草香或香草植物的味道；嚐嚐園內不同口味的水果、蔬菜、果汁、五穀、豆類等；感受沙、水、麵糰、手指膏等素材於手中搓揉的感覺，並運用這些素材創作（如圖 5-1-1a.與圖 5-1-1b.）等。

（二）伴隨開放有趣教材的遊戲

第三章提到遊戲、探索即課程，是嬰幼兒 STEM 教育的教保基礎。因此 STEM 教育內容的設計應以遊戲活動為主及遊戲化的設計；而為呼應嬰幼兒以感官探索的需求，因此遊戲活動中最好伴隨著開放有趣的教材操作，包含開放性素材與開放性玩教具。開放性素材如沙、水、土、手指膏、麵糰、小

| 圖 5-1-1a.　感受手指膏素材 | 圖 5-1-1b.　感受麵糰素材 |

石頭、落葉、紙箱、衛生紙捲筒等，讓嬰幼兒可以在活動中一方面充分探索與感受素材，滿足其以感官探索的需求，學到不同物體（質）的特性；一方面也可用自己的行動加以創意變化並驗證其想法，即運用觀察、推論、預測、比較、溝通等科學程序能力。

　　而開放性玩教具如輕軟的泡棉積木、大型樂高積木、磁吸性積木、大型拼接雪花片、大型軟質體能結構等（約2～3歲左右或以上可加入木質單位積木與 Kapla 積木），這些玩教具均能堆疊或連接，可自由造型，讓嬰幼兒體驗平衡、結構、重力、斜坡等科學原理。甚至是特別設計與家庭常用的簡易機械、工具有關的遊戲活動，簡易機械與工具即 Barbre（2017）認為的「小T」技術與工具，如有齒輪的開罐器、具槓桿原理的開瓶器等，以及打蛋器、篩盤、放大鏡、服藥的滴管、螺絲起子、鉗子等生活中的工具。此類遊戲活動可讓幼兒體驗讓生活方便的「技術」發明，引發其好奇這些工具是如何運作的，這也涉及上述之生活化設計。

（三）實施跨領域的設計

在現實生活中的發明或技術，往往可見 STEM 的各領域交織運用於其內，如斜拉（張）橋的力與美展現，涉及電腦科技的雲端技術等，因此跨領域的 STEM 課程是符合現實世界最為自然的設計，其實 STEM 已成為全球面對 21 世紀普遍認可的跨學科主題（中國教育創新研究院，2016）。Moomaw（2013）曾指出幼兒 STEM 教育至少要涉及兩個領域，筆者則認為在嬰幼兒 STEM 教育的設計，盡量涉及愈多的領域愈好，以符合現實生活。跨領域的活動設計讓嬰幼兒感受到科技整合之震撼，例如磁吸性積木遊戲活動不僅讓幼兒學到磁力的「科學」原理，同時也感受好玩的「技術」發明（不同材質與形式的積木），而且也可能涉及運用積木數量建蓋某種造型的「數學」，甚至也涉及每種造型的「美感」設計。又如【沙真好玩！】活動（參見第六章活動示例）中，孩子感受沙的質地特性（科學）；運用各種玩沙工具如篩杯、漏斗、鏟子等工具（技術）；將沙與水及各式容器結合，建蓋沙堡、挖渠引水、構築水庫（工程活動，也涉及數學，如需多少容器、多少水）；以及用篩盤（盆）裝沙在地面或大壁報紙上作畫（人文藝術）等。

四、嬰幼兒 STEM 教育之設計內容分析

第六章活動示例揭示了三大類型活動——物體探索性、戶外探索性與藝術探索性，總共九個活動。為讓讀者更加清楚嬰幼兒 STEM 教育的活動內容設計，此處分析這九個活動是如何符合 STEM 教育的教學內容，並請自行對照參閱第六章的活動（表 5-1-5 至表 5-1-7）。

表 5-1-5　物體探索性活動之 STEM 分析——內容設計

設計元素＼活動名稱		寶貝籃裡有什麼？	球可以怎麼玩？	聲音大不同！——我會做沙鈴
設計內容	生活化的設計	籃子裡面都是生活中常用的物品	所操作的是生活與遊戲中常見的球（或玩具小汽車等）	聲音就在生活裡，沙鈴也是生活中常見的樂器、玩具，做完即可用於打節奏、隨音樂起舞
	伴隨開放有趣教材的遊戲	• 有趣教材：發亮反光物、操作反應物、生活中物品 • 用感官自由探索與遊戲、以問題引導的探索與遊戲	• 有趣教材：好玩的球、玩具車、積木與木板斜坡 • 自由探索與遊戲、比賽情境融入遊戲中	• 有趣教材：沙鈴內容物如彈珠、鈴鐺、豆子等，與外殼素材如玻璃罐、金屬罐、寶特瓶等都是生活中玩具或物品 • 自由探索與遊戲並製作自己的沙鈴、生活情境問題融入遊戲中
	跨領域的設計	• 科學（各種物體特性、科學程序能力） • 技術（簡易機械、工具） • 數學（計數同類物品的數量）	• 科學（球與車等特性、斜坡原理、科學程序能力） • 技術（滾與丟等玩球技術、用球擦與滾等繪畫技術） • 工程（於比賽情境設法調整木板） • 藝術（運用球於繪畫）	• 科學（聲音原理、各種物體特性、科學程序能力） • 數學（計數沙鈴內容物數量） • 工程（製作本身就是一種工程設計） • 藝術（製作樂器並打節奏與跳舞）

資料來源：筆者自行整理。

表 5-1-6　戶外探索性活動之 STEM 分析——內容設計

活動名稱 設計元素		沙真好玩！	水真好玩！	花草裡有什麼？
設計內容	生活化的設計	沙是生活環境的一部分，到處都有沙的蹤跡	水是生活中的必需品，每天都需要喝水、用水	生活中到處是植物且與人類生活關係至為密切
	伴隨開放有趣教材的遊戲	• 有趣教材：好玩的沙坑與各種玩沙工具 • 用感官自由探索與遊戲、故事情境融入遊戲中	• 有趣教材：好玩的水池與各種玩水工具 • 用感官自由探索與遊戲、故事情境融入遊戲中、生活情境問題融入遊戲中	• 有趣教材：有花草植栽的戶外環境、周遭昆蟲與放大鏡 • 用感官自由探索與遊戲、問題引導的探索與遊戲
	跨領域的設計	• 科學（沙與各工具的特性、科學程序能力） • 技術（漏斗、篩杯、鏟子等工具） • 數學（計數裝滿大容器需要多少小容器數量、複雜沙堡與水道工程涉及空間方位） • 工程（複雜的沙堡與水庫系統） • 藝術（用篩杯繪沙畫）	• 科學（水與各工具的特性、科學程序能力） • 技術（花灑、噴霧器、大滴管、漏斗等工具） • 數學（計數裝滿大容器需要多少小容器數量） • 藝術（運用球於繪畫）	• 科學（植物、昆蟲與種植相關知識、科學程序能力） • 技術（放大鏡、投影機等） • 數學（計數花瓣數量、花與葉的種類數量、昆蟲數量） • 工程（若種植黃瓜涉及搭支架的工程設計） • 藝術（公園拾回的樹枝、落花等藝術創作）

資料來源：筆者自行整理。

表 5-1-7　藝術探索性活動之 STEM 分析——內容設計

設計元素 ＼ 活動名稱		黏土可以做什麼？	看我印出什麼？	盒子可以做什麼？
設計內容	生活化的設計	麵糰或黏土是生活中常見物品，尤其孩子家中可能有製作麵食的經驗	生活中很多機會留下印痕，很多東西都可蓋印	生活中有很多的盒子，回收的盒子再利用，有益環境保護；且送禮物是生活大事
	伴隨開放有趣教材的遊戲	● 有趣教材：黏土或麵糰、各式工具 ● 用感官自由探索與遊戲、以問題引導的探究與遊戲	● 有趣教材：手指膏或彩糊與附加操作物、手腳部位 ● 用感官自由探索與遊戲、以問題引導的探究與遊戲	● 有趣教材：盒子與各種附加材料 ● 用感官探索、遊戲並製作以問題引導的探究與遊戲
	跨領域的設計	● 科學（黏土或麵糰與各工具特性、科學程序能力） ● 技術（工具如擀麵棍、塑膠刀、塑膠模型） ● 數學（計數每個造型總共運用多少附加物） ● 工程（造型結構的設計與變化都涉及工程） ● 藝術（創作各種造型）	● 科學（手指膏、彩糊與各附加物的特性、科學程序能力） ● 技術（滾印、擦印、丟擲印等技術） ● 工程（本活動中2～3 歲幼兒製作的長條兔子洞，其實就是工程設計） ● 藝術（蓋印創作藝術）	● 科學（盒子與其他材料特性、科學程序能力） ● 技術（美工刀、剪刀、膠帶台等） ● 數學（計數用了多少盒子或其他材料、改變版「盒子裝東西」涉及數學的空間推理） ● 工程（製作本身就是一種工程設計） ● 藝術（禮物製作是藝術表徵）

資料來源：筆者自行整理。

第二節　嬰幼兒 STEM 教育之實施

　　任何課程與教學一定會根據所訂定的目標與內容，援用適切的方法加以實施，本節即在探討嬰幼兒 STEM 教育的教學方法。Barbre（2017）指出在嬰幼兒的 STEM 遊戲與探究中，教師之主要任務為：與孩子對話、示範如何遊戲與運用動作表達、問探究性問題並介紹 STEM 語彙、提供孩子獨自及與他人遊戲和探索的空間、藉著示範教材的延伸運用以鷹架活動、在室內外提供開放的教材、加入孩子一起從事遊戲式的活動、提供各領域不同層次難度的玩具、慢慢介紹新玩具到區角中並加入新奇於遊戲經驗中、談論活動內涵以幫助孩子連結舊經驗、提供家長支持家園連結的方式。以上最後的家園連結是 0～3 歲 STEM 教育之教保基礎——建立親密關係的方式之一，其餘大部分是有關教學方法的部分，尤其多項涉及教學方法中的「鷹架引導」，由於嬰幼兒身心尚在漸續發展中，確實需要成人引導以實現其潛能，故而本節除教學方法外，特別另外論述鷹架引導。

一、教學方法

　　在教學方法方面，筆者提出三項建議，茲敘述如下。

（一）充實與運用區角及戶外環境

　　從教師的主導性而言，區角個別探索活動之主導性最低（相對較高的是全班團體活動），除了符合 0～3 歲嬰幼兒感官探索需求外，也較為符應其於心理安全基礎上欲尋求獨立與自我認同的需求特性。因此，區角活動應是嬰幼兒 STEM 教育的重要方式，不過活動室必須經常添加或更換不同的玩教具與素材，讓嬰幼兒感受新鮮度引發好奇與後續探索行動，尤其是開放性素材或玩教具，誠如 Englehart 等人所言，活動室的每一個區角都可以加以精心安排與設計，讓幼兒與多樣教材互動，滿足感官探索需求，並解決與個別角落

焦點相關的問題（Englehart, Mitchell, Albers-Biddle, Jennings-Towle, & Forestieri, 2016）。又在後期整個課程與教學與主題、方案（項目）結合後，有關各區角的教具或素材的充實與運用，盡量能圍繞著中心主題而思考。

此外，戶外自然環境更是嬰幼兒可以以探索、發展 STEM 知能之處，諸如由陽光、空氣、水、土、石頭、植栽、花草、蟲鳥等構成的生物科學與地球科學現象，可以讓嬰幼兒感受或認識這些物質或生物的特徵與成長變化，以及四季景觀與氣候更迭，還有從種子、發芽、植株到開花結果的生命週期（圖 5-2-1.）與植物生長要件等。而且，大自然充滿許多的附加零件（鬆散素材），隨著四季變化而有所不同，如樹枝、落花、落葉、松果、貝殼、蟬殼、石頭與其他物體等，由於這些大自然的素材具開放性，可加創意使用，因此是 STEM 學習的重要元素（Selly, 2017）。

又筆者認為即使是在戶外的人為遊戲場，對幼兒的 STEM 學習亦有助益，因為遊具區的許多遊具充滿科學原理可資探究，如蹺蹺板（槓桿）、溜滑梯（斜坡、重力等）、鞦韆（力學、速度等）等；在硬表層區騎乘、推拉有輪玩具，植栽草坪區放風箏、玩踩影遊戲等，也都涉及科學原理。甚至可將大型紙箱、保麗龍盒、輪胎、木頭、CD 片、木板、布塊、大型塑膠袋、

圖 5-2-1. 孩子發現成熟的紅色果子

鏟子等人為的附加零件（鬆散素材）帶至戶外，充實戶外空間，以供探索、體驗與創意變化，為 STEM 教育加分。例如木板一端加高成斜坡，可滾物或賽車，體驗斜坡、重力等科學原理；CD 片對著陽光，可反射亮光，體驗光的反射科學現象；手持塑膠袋在遊戲場跑著，可感受風的力度，體驗流動的空氣、風與材質特性等。又輪胎可滾動著玩、可堆疊成塔攀高爬入、可連接成隧道穿爬通過、可當扮演遊戲的堡壘、可當椅子坐著休息，甚至可當容器種花，也可當圈圍物體界定遊戲空間等，創意運用度十足。有自然元素的戶外空間若再加入以上的設計與變化，對幼兒來說真是太幸福了。

（二）多以小組取代團體活動

嬰幼兒正處於活躍探索的年紀，STEM 教育以探究為核心，因此教學活動除區角個別探索外，應以小組活動為主，這樣的安排讓嬰幼兒感受親密關係，較符合此一年齡層的需求。例如幾個嬰幼兒圍繞著老師，或抱著、依偎著，彼此親密互動，可唸讀 STEM 相關繪本、操作著富科學原理的玩教具或一起唱手指謠等（圖 5-2-2a.至圖 5-2-2c.），即使在桌面進行科學相關活動也盡量在旁陪伴或協助（圖 5-2-2d.）。務必減少全班團體活動的比重，若是進行全班活動，盡量在五至十分鐘就結束。筆者訪視托嬰中心時，經常看到未滿 1 歲嬰幼兒坐在幫寶椅上與 1 歲多的嬰幼兒靠坐在牆邊成一直線，進行面向教師的團體活動，甚至進行以閃卡識字，嬰幼兒們常是面無表情或極為嚴肅，而且時間經常拖拉很久，實在為他們抱屈。

（三）引導嬰幼兒運用探究能力

幼兒經常被稱為小小科學家，是能幹的 STEM 學習者（McClure, 2017），但還是需要成人助其擴展 STEM 的能力，引導將自然好奇與行動轉為較為科學化的層次（McClure, 2017; Stone-Macdonald, Wendell, Douglass, & Love, 2015）。此也反映 Moomaw（2013）《於幼兒時期教導 STEM》（*Teaching STEM in the Early Years*）一書所提四項有效教學策略之一，即有意圖的

圖 5-2-2a.　小組活動

圖 5-2-2b.　小組活動

圖 5-2-2c.　小組活動

圖 5-2-2d.　小組活動

引導教學。的確，要如何觀察？觀察後如何引出推論？要如何驗證？以及要如何將驗證與發現的結果溝通發表？以上總總所謂的科學探究能力均需教師示範與引導。

　　以觀察為例，托育中心老師要引導嬰幼兒運用愈多的感覺愈好，即看、

聽、摸、聞、嚐五覺。例如觀察樹葉時，請嬰幼兒仔細觀看它的顏色、形狀、大小、葉緣與葉脈，摸一摸葉面、葉緣、葉脈等各個部位，聞一聞它的味道，尤其是香草類葉片還可以嚐嚐它的味道。並且以問題提示觀察的焦點，如「兔子的眼睛看起來怎麼樣？」「貓的眼睛看起來怎麼樣？」繼而比較其觀察並說出感覺是什麼，如「兔子的眼睛和貓的眼睛有什麼不一樣的地方？」、「兔子移動身體的方式（兔子是怎麼走路的？你可以做給我看嗎？）和貓移動身體的方式（貓是怎麼走路的？你可以做給我看嗎？），有什麼不一樣的地方？」此外，教師可以提供放大鏡或線圈幫助嬰幼兒聚焦觀察，並且鼓勵從不同的角度、方位觀察，如後面、側面，甚至從底部觀察，如將蠶寶寶放在玻璃板上，方便嬰幼兒從較少接觸的部位觀察。

根據所觀察的現象提出合理的解釋，就是「推論」，涉及思考、猜想，教師於嬰幼兒觀察後，可以鼓勵其運用邏輯思考以推理現象形成的原因或提出解釋。例如觀察院子裡不同區域的花草後，提問嬰幼兒觀察到什麼現象？為何有的植物生機盎然有的卻是乾枯葉黃？推論很重要，可促進嬰幼兒的思考，將各種經驗整合起來，自然的將新、舊經驗連結，於同化與調適後，擴展其認知。至於預測、驗證、溝通等科學程序能力，都需要成人示範與加以引導，有興趣的讀者可參見拙著《幼兒自然科學經驗——教材教法》（周淑惠，1998，2008）。以下則特別探討鷹架引導。

二、鷹架引導

美國 Tuft 大學 Erikson 研究中心指出，幼兒 STEM 教育的四項指導原則之一就是，孩子需要成人協助以發展STEM傾向與擴展能力（Erikson Institute, 2017）。協助與引導嬰幼兒運用觀察、推論、驗證、比較等的探究能力，或者是協助與引導嬰幼兒歷經設計、思考、製作、改良的工程步驟，使其逐漸邁向成熟與系統化，就是鷹架作用，對嬰幼兒 STEM 探究非常有幫助。本節開端 Barbre 所言之跟孩子對話、示範如何遊戲與運用動作表達、問探究性問題並介紹STEM語彙、藉著示範教材的延伸運用以鷹架活動、談論活動內涵

以幫助孩子連結舊經驗等，都是鷹架的重要方式，可以看出這些鷹架都需要以語言做為仲介，方能運作。本部分則分別探討鷹架引導的目的與種類（方式）。

（一）鷹架引導的目的

以語文為核心的鷹架引導除具鷹架作用外，對正在蓬勃發展語言能力的嬰幼兒，亦為利多。筆者認為針對 0～3 歲嬰幼兒的鷹架，除協助以引導其投入 STEM 外，基本的「陪伴與鼓勵」很重要，它也是鷹架的重要方式與教學策略。所以基本上，鷹架引導除了促進嬰幼兒語言發展外，它還有兩個主要目的：

1. 陪伴與鼓勵以建立信心與探究氛圍

第三章提及嬰幼兒 STEM 教育之教保基礎之一是親密互動的關係，以為探究與學習的心理基礎，嬰幼兒特別需要心理上的安心與信心，經常的實質陪伴與鼓勵，絕對有利嬰幼兒嘗試、驗證或表達溝通等，在 STEM 探究上是很重要的。此外，此種行為還可營造探究的氛圍，老師藉著口語誇讚嬰幼兒的探究表現，例如「哇！小龍觀察得很仔細喔，連這麼細微的地方都看得出來。」「哇！雲雲會自己想辦法解決，很厲害喔！」「哇！小君猜想得很有道理，我們來看看是不是這樣？」當這樣的鼓勵、誇讚語詞一出，勢必會感染其他嬰幼兒爭相模仿，自然的帶出探究氛圍與 STEM 相關態度。

2. 示範與引導以協助投入 STEM

由於近側發展區的啟示，鷹架引導確實可以幫助孩子獲取新知能，促進其向前發展（Berk, 2001, 2012; Vygotsky, 1991）。嬰幼兒正處於熱切投入探索與學習階段，因此成人必須經常的做合宜的示範與引導，俾利其精熟探究技巧、工程設計程序、解決問題能力等，方能提升能力或實現潛能，使其趨近科學化境界，更易投入 STEM 探究之中。

（二）鷹架引導的種類

筆者針對學前幼兒曾提出六類鷹架：材料、語文、示範、同儕、回溯、架構，其實這些鷹架也可延伸至嬰幼兒階段（周淑惠，2006，2018b，2018d）。年齡愈小的嬰幼兒，示範與架構鷹架的分量則愈多，又對於記憶較為短淺的嬰幼兒，適時與經常的提供回溯鷹架也是必須的。愈不熟悉的經驗，所需鷹架的質與量也會加增；而且同樣的遊戲，不同孩子所需的鷹架自然不盡相同。不過，任何鷹架都必須建立在親密關係之上，才能產生水乳交融的交互主體性境界，有效且實質的擴展近側發展區促進孩子的發展，這也就是筆者強調親密互動關係是 STEM 教育之教保基礎之重要原因。以下分別介紹以語言為核心的各種鷹架。

1. 回溯鷹架

所謂回溯鷹架即運用照片、影片、繪本、實物或口語等，協助嬰幼兒回憶舊經驗，以幫助他喚起記憶或印象，俾利接續的探究行動。所以任何寶貴的經驗，如園外參訪、公園散步、生日派對時，教師盡量能拍照或攝影，並張貼於牆面、做成相簿或運用電腦播放。以此方式將嬰幼兒新舊經驗連結，有益其同化、調適促進認知的發展。例如秋冬時節帶嬰幼兒到公園散步，看到滿地落葉後，老師可以提問：「還記得以前我們來散步時公園的樣子嗎？跟現在有什麼不一樣？」並且找出春天踏青公園的相簿或影片，讓嬰幼兒回味感受，在促其比較後期待指出春秋景象不同之處。下章活動示例中之【球可以怎麼玩？】、【聲音大不同！——我會做沙鈴】等活動，均先請嬰幼兒回溯才進行活動；而【花草裡有什麼？】是在回園後才以電腦播放照片，搭回溯鷹架讓嬰幼兒說出公園散步的所見與感覺。

2. 材料鷹架

所謂材料鷹架即教師提供多元材料讓嬰幼兒表徵（達），以協助他擴展創意與表達能力，甚而更加理解或建構概念。不過材料最好是具開放性，可

彈性或創意運用，如各種黏土、紙張、蠟筆、建構材料（如各類積木與連接性教具）、回收材料（如紙箱、泡棉、布丁盒、冰棒棍、寶特瓶、捲筒）等。例如嬰幼兒到花園欣賞百花齊放、鳥語蟲鳴後，當教師要他畫出公園的美麗景象或印象最深之處或物時，有嬰幼兒不知如何用蠟筆表達，這時教師就可提供黏土或麵糰讓幼兒具體捏塑，表達自己看見的各種花、植物或公園景象，從孩子的黏土作品表達中，即可幫助教師理解孩子所建構的概念與事實現象有何不同？掌握孩子目前的認知水平。下章活動示例中之【黏土可以做什麼？】，教師提供許多附加物也是一種材料鷹架，藉冰棍、吸管、布丁盒等讓嬰幼兒嘗試它們與黏土結合的可能性，擴展孩子的創意與能力；還有【沙真好玩！】、【水真好玩！】活動中，教師提供玩沙、水的工具，如漏斗、噴霧器、篩杯、海棉等，讓嬰幼兒透過這些工具的操作使用，有助理解沙、水的特性。

3. 同儕鷹架

　　所謂同儕鷹架即借助混齡或混能分組，讓較有能力或年齡較大的嬰幼兒發揮激發或協助其他幼兒的作用；其實嬰幼兒的模仿能力很強，有時只是讓不同能力的孩子分組時在一起，就會發生仿效的漣漪作用，教師可善加利用此一特性。例如有的 2 歲幼兒已能往四面八方連接樂高積木，就可讓他與只往上面連接堆疊的嬰幼兒在一起玩，雖然只是平行遊戲，沒有交集，但卻能引發嬰幼兒的模仿現象，自然形成鷹架作用。再如在下章活動示例中的【沙真好玩！】活動，教師可以安排混齡孩子同在沙坑中，在 2～3 歲孩子做出沙堡時，可激發 1～2 歲孩子仿效學習。還有【黏土可以做什麼？】、【看我印出什麼？】等活動，都可安排混齡以發揮同儕鷹架之作用。此外，教師多誇讚表現好的嬰幼兒、展示他的作品，或請他示範給大家看等，也會自然形成同儕鷹架。

4. 示範鷹架

　　所謂示範鷹架即以適度的言行或材料為模範，讓嬰幼兒可以參照，幫助

其抓住重要技巧或做事方法；或是以實物、作品或行為做為比較與探討的樣本，引領一時未意識到的幼兒比對與思考，俾能意識自己的不足並設法改進。例如在下章活動示例中進行家用簡易機械遊戲活動時，像是開罐器、冰淇淋杓有些難度與技巧，且涉及安全問題，因此需要教師事先做重點示範，幫助幼兒體驗該項工具的正確使用，圖 5-2-3a. 與圖 5-2-3b.顯示在老師的鷹架下，幼兒已能掌握開罐器。或者老師發現幼兒的創意作品缺乏某項元素，也可適時自製一作品出示幼兒並詢問：「老師的 XX 和你們的，有什麼不一樣嗎？」引導孩子仔細觀察，並期待幼兒能發現不同之處並設法修正其作品。

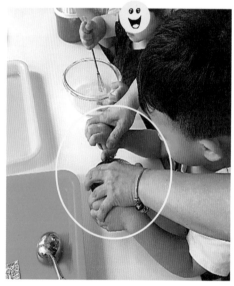

圖 5-2-3a.　示範鷹架

圖 5-2-3b.　示範鷹架下幼兒已能掌握
工具

5. 架構鷹架

　　所謂架構鷹架即提供思考或做事的框架或方向，引領較缺乏專注力與系統化行動的嬰幼兒專注於眼前行動，或讓探究行動聚焦、有方向依循，使探究或表徵順暢持續。例如到花園欣賞春天美景回來後的創作活動中，教師見許多嬰幼兒不知如何著手，就將在公園時撿到的落花、樹枝等擺出，或者是

在幼兒的畫紙角落畫上一朵小花，代表春天的公園，並配合口語不斷提醒剛剛在公園的事，這就是提供行動框架，讓嬰幼兒可以聚焦於眼前事物或行動。再如若實施以主題統整活動的托育中心，可以把具有中心大圖像的主題網絡圖張貼於牆面，如春天的公園圖，也是一種架構作用，提醒嬰幼兒正在探究的事物。當幼兒愈來愈大後，架構鷹架可以配上語文符號，更具結構性與更能傳達訊息。在下章活動示例【花草裡有什麼？】活動中，教師提供放大鏡，它不僅是材料鷹架，讓嬰幼兒的觀察更能清晰，有助概念理解，同時它也是架構鷹架，讓嬰幼兒在戶外的探究可以聚焦於花草或眼前事物。其實像沙、水活動中所提供的各種工具，也是一種架構鷹架作用，讓嬰幼兒藉著這些工具的運用，聚焦其探究行動，當然它也是一種材料鷹架，有利理解沙、水特性。

6. 語言鷹架

　　所謂語言鷹架即透過語言，尤其是言談對話，幫助嬰幼兒思考、推理與探究，因為語言就是心智工具（Bodrova & Leong, 1996; Vygotsky, 1991）。在嬰幼兒的語言鷹架多是老師與嬰幼兒的對話，例如嬰幼兒搭建的積木一直倒塌，老師可提問：「你覺得為什麼積木會一直塌下來？」、「有什麼辦法讓它不會塌下？想想看！」或者是孩子在地面上的積木作品常被彼此踐踏，老師可以問：「我們要怎麼做，可以讓我們能在地上開心的玩堆積木，同時又保護大家的積木作品呢？」引發孩子思考以設法解決。而在上述各種鷹架搭建時多需搭配言談說明、提示或提問，即語言的仲介，例如老師在示範引導（示範鷹架）或給予框架引導（架構鷹架）時，一定得配合語言傳達其中的意思。

　　在下章活動示例中，語言鷹架的實例相當多，幾乎所有引發嬰幼兒運用科學程序能力的提問皆屬之。例如老師在【寶貝籃裡有什麼？】提問：「這個東西可以怎麼玩？」「你猜它會怎麼樣？」激發後續的探究行動；還有教師在【球可以怎麼玩？】中，製造比賽是否公平情境，與一高一低斜坡並提

問等皆是。此外，解決問題活動的提問也在協助嬰幼兒思考與探究解決方案，具鷹架引導作用。例如教師在【沙真好玩！】中，挑戰嬰幼兒幫忙想辦法搭建更複雜的沙堡；在【水真好玩！】中，挑戰嬰幼兒請其幫忙製作小船替公主運送貨物過河；在【盒子可以做什麼？】中，製造送禮物情境，請嬰幼兒試著做出等均是。

第六章

嬰幼兒 STEM 探究活動示例

本章旨在介紹曾在台灣托嬰中心（約 2 歲以下）或幼兒園幼幼班（約 2～3 歲）試行的一些嬰幼兒 STEM 探究活動。承如第五章所言，本書旨在為初次實施 STEM 教育者提供活動設計與實施上的參考，因此以各個活動呈現。筆者至終還是期望嬰幼兒 STEM 教育能以主題課程統整各個領域的相關活動，即所實施的各領域活動均與主題的理解或探究有關，甚至是能跟隨嬰幼兒興趣，實施 STEM 萌發課程。

由於嬰幼兒處於感覺動作期，以感官來體驗與探索世界，因此所設計的活動大都讓嬰幼兒操作物體或親身體驗，大體上分為三大類活動：「物體探索性活動」、「戶外探索性活動」與「藝術探索性活動」。所謂物體探索性活動顧名思義是探索日常生活中的各種物體，並以行動加諸其上，以觀察其變化；所謂藝術探索性活動是探索各類藝術媒材並自由創作表徵；至於戶外探索性活動當然是在戶外環境中進行的探索活動。其實這三大類型活動大體上是有些相關的，如藝術探索性活動中很多的素材皆是物體，戶外探索也涉及到遊戲結構、沙、水等。又這些活動是圍繞在無所不在的科學內涵，如物理科學、生命科學、地球科學與自然力量（如簡易機械、聲音、光等），讓嬰幼兒運用感官與科學程序能力去探索或解決相關問題，過程中自然涉及諸多學科領域（如數學、工程等）與運用技術（工具）。因此，本章共分三節分別介紹此三大類活動（總共九個活動）。

第一節　物體探索性活動

　　物體探索性活動旨在探索無生命物體的本質與特性，以及以行動施之於它所引起的變化。其實探索物體的活動很多，不勝枚舉，如以泡棉積木（較小嬰幼兒）、Kapla 積木或單位積木建蓋房子、橋樑或高塔等，讓玩具小車子、積木、球等從坡道上滾下來，探索鏡子、CD 片等物體的反射效果，把玩手電筒並製造影子於銀幕上，試玩磁鐵棒並試吸活動室裡的物品，敲擊鼓、鍋子等物體感受其震動與聲音，體驗家用簡易機械及小工具的用途等。為提供參考範例，本節物體探索性活動介紹三個活動：(1)寶貝籃裡有什麼？(2)球可以怎麼玩？(3)聲音大不同！——我會做沙鈴。期望讀者在閱讀後，能舉一反三，自行設計類似的活動。

一、寶貝籃裡有什麼？

遊戲名稱：寶貝籃裡有什麼？
遊戲目標：引發好奇與探究行動
準備材料：
1. 家裡或生活中常見物品，如木湯匙、飯瓢、梳子、菜瓜布、海綿、長柄刷、牙刷、塑膠杯、棉花球、陶碗等。
2. 發亮或反光物，如安全鏡子、水晶球、CD 片、發亮膠帶等。
3. 操作會有反應的物體或小玩具，如不倒翁、溜溜球、大鈴鐺、一般的球、按捏會發光或發聲的球等。
4. 一個有蓋的提籃或盒子。
進行步驟：
1. 將裝有以上各類物品的「寶貝籃」置於三、四位嬰幼兒小組中間，請他們猜猜看寶貝籃裡有什麼寶貝，以引起探究動機。

2. 鼓勵嬰幼兒拿出寶貝籃裡的每項物品把玩，充分運用感官探索每件物品，如粗糙的菜瓜布與柔軟的海綿，老師在適當時機對話如：「對！這個摸起來粗粗的，這個摸起來軟軟的」，並且請幼兒「溝通」探究後的感覺。

3. 如果是同類或同功能的不同物品，教師也要藉機提問並請其仔細「觀察」與「比較」有何不同，讓孩子更加理解物體的特性，並意識是同功能但不同設計的物品，例如齒梳與排梳，並適時計數同類物品的數量。

4. 如果是操作會有反應的物體，教師可引導孩子運用科學程序能力，如：「這個東西可以怎麼玩？」「你猜猜看它會怎麼樣？」「為什麼會這樣？」等。

5. 容許遊戲期間嬰幼兒攜帶著籃中的物品走到他處徘迴、置於他處，或到他處探索。在讓嬰幼兒持續探索一段時間後，請其幫忙收拾放回籃中。

6. 這個遊戲可以一段時間後再玩，盡量更換籃中的物品，提供不同的刺激與新鮮度。

調整或延伸：

1. 剛會坐起的小嬰幼兒可以先以發亮或反光物、操作會有反應的物體或小玩具，來吸引他的興趣。

2. 「家裡或生活中常見物品」類可以加入同功能但不同質地與設計的物品，如梳子有齒梳、排梳、摺疊梳，杯子有塑膠杯、鋼杯、馬克杯、保溫杯等。

3. 約 2～3 歲左右或以上的嬰幼兒則可以加入家用簡易機械或工具，在老師陪伴與鷹架下，讓他們有機會動手操作。

　　【寶貝籃裡有什麼？】是期望藉著寶貝籃的吸引，讓嬰幼兒充分運用各種感官去探索籃裡不同感官刺激的物品，觀察與感受其特性或功能（作用），如用手觸摸菜瓜布與海綿、觀看鏡子裡的影像、聆聽鈴鐺與其他發聲物品、用行動操作物品測試其反應等。這個遊戲可以調整或延伸，對於約6、

7 個月剛可以坐起的嬰兒，籃內可放有特殊效果或操作有反應的物品；若是期望嬰幼兒能理解同功能的物品可以有不同的材質與不一樣的形式設計，就可以加入這樣的物品，讓嬰幼兒早日接觸設計的奧妙，當然教師要搭鷹架如提問：「這是什麼（觀察）？做什麼用的？」、「嗯！這兩個都是梳子，有什麼不一樣的地方啊（比較）？」。約 2～3 歲左右或以上的幼兒則可以加入常用的簡易機械或工具，讓嬰幼兒在老師陪伴與鷹架下試著操作，以理解技術是帶給人類生活方便的。

在實際進行寶貝籃遊戲時，孩子都很專注在這個遊戲裡，常將拿到的兩個物品相互敲擊發聲，如圖 6-1-1a.與 6-1-1b.；或是凝視個別物品與把玩，如圖 6-1-1c.與 6-1-1d.是兩個 1 歲左右的孩子在凝視與把玩鏡子；或是將小物品放到大的容器中（如將小球一個個放入鍋子中）；或者是將籃中的物品攜帶到他處把玩，或只是攜帶走著而已。這個遊戲也可用神秘箱方式進行，讓孩子用手伸進箱子洞口去抓取物品（圖 6-1-1e.），連 12 個月大的孩子都會試圖用手去抓取（圖 6-1-1f.）。圖 6-1-1g. 至圖 6-1-1j. 是 2～3 歲嬰幼兒對簡易機械或工具的探索，可以看出教師在旁搭建鷹架協助孩子體驗工具的使用。

圖 6-1-1a. 寶貝籃裡有什麼？

圖 6-1-1b. 寶貝籃裡有什麼？

圖 6-1-1c. 寶貝籃裡有什麼？

圖 6-1-1d. 寶貝籃裡有什麼？

圖 6-1-1e. 寶貝籃裡有什麼？

圖 6-1-1f. 寶貝籃裡有什麼？

圖 6-1-1g. 簡易機械（工具）探索

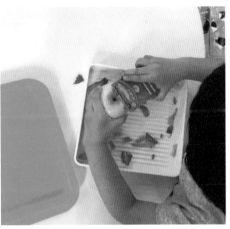

圖 6-1-1h. 簡易機械（工具）探索

圖 6-1-1i.　簡易機械（工具）探索

圖 6-1-1j.　簡易機械（工具）探索

二、球可以怎麼玩？

遊戲名稱：球可以怎麼玩？
遊戲目標：引發好奇與探究行動、解決遊戲中的問題
準備材料： 1. 大小、材質不同的球。 2. 其他物品如各種有輪小車、泡棉積木等。 3. 長條木板、可將木板墊高之物如大積木、泡棉積木、矮椅等。
進行步驟： 1. 將各種球拿出來，詢問 2～3 歲孩子，除之前的丟（接）、滾（接）等外，還有什麼不同的玩法？引發嬰幼兒回溯並思考其他好玩的玩法（如朝地面投入籃子內、當保齡球擊倒他物等）。 2. 告訴孩子今天要玩不一樣的，把長條木板架在積木上形成斜坡，孩子自然的就會擠上來，讓其暢快的用球、小車等在斜坡上溜滾下來。

3. 遊戲一段時間後，教師故意製造比賽情境說：「我們來看哪一個球（或哪一輛車）滾得『比較』快？」並問為什麼，過程中引導孩子「預測」與「驗證」結果。

4. 再製造一高一低的斜坡，同樣的讓孩子「預測」與「驗證」，哪一個斜坡上的球滾得「比較」快，並問為什麼。或挑戰孩子如何才能讓兩顆相同的球（或同款車）溜出快慢不同，讓其思考並在旁協助調整木板（如調整斜度，或是改變兩個斜坡的摩擦力）。

5. 教師統整各種比賽情境的結果並請孩子幫忙收拾積木、球、小車於籃中。

調整或延伸：

1. 較小的嬰幼兒可以提供各式各樣的球，玩滾球—接球、丟球—接球的活動，2 歲左右可以玩踢球，過程中適時的伴隨提問：「球還可以怎麼玩？」引發幼兒思考。

2. 也可提供顏料或手指膏，讓嬰幼兒用球在壁報紙上探索，如擦畫、滾印畫或投擲畫等，並適時提問：「球還可以怎麼玩？」引導嬰幼兒玩畫出不同變化。必要時教師可以提供示範鷹架，在旁做出一種效果，以引發更多變化。

　　球是孩子出生後在生活中經常接觸的玩具，2～3 歲孩子平時對於球已有充分經驗，不過在斜坡上溜球是比較新鮮的遊戲經驗。當架設好斜坡時，孩子就會自然的靠過來，爭相將球從斜坡上溜滾下來，享受溜球的快感，也會使用小車從斜坡上溜下，或是各自分別用球與車同時從斜坡溜下（圖 6-1-2a. 與圖 6-1-2b.）。可能孩子有溜滑梯經驗，知道球、車子可以自己溜下斜坡，溜完球、撿球（或車）來回的跑動，樂此不疲。一定要先讓孩子滿足其自由遊戲與探索慾望，充分理解球或其他物體在斜坡滾動的特性後，才製造比賽情境看哪一個球（或哪一輛車）滾得較快？

圖 6-1-2a.　球可以怎麼玩？　　　　圖 6-1-2b.　球可以怎麼玩？

　　2～3 歲的孩子剛開始不會在意球（或車）的比賽起點是否相同，只是急跳跳的想完成比賽，所以過程中必須引導孩子思考比賽的公平條件（必須在相同的位置開始）並解決此一問題（圖 6-1-2c. 與圖 6-1-2d.），以及運用「預測」、「驗證」等科學程序能力，並問為什麼如此預測。在本遊戲中，孩子預測泡棉積木比較慢，研究者問孩子為什麼，孩子回答說：「因為它不是車子！」同樣經過一段探索時間後，才製造一高一低的斜坡，引導幼兒預測與驗證哪一個斜坡滾得較快（圖 6-1-2e. 圖 6-1-2f.）。也可挑戰幼兒促其思考要怎麼運用或調整木板，讓兩顆同大小球（車）溜得有快有慢。孩子年紀愈大，協助則要愈來愈少。

　　同樣是球的遊戲可加以變化，以迎合不同年齡層的孩子。對 1 歲以下與 1 歲多的嬰幼兒而言，要讓他接觸不同材質、尺寸的球，感受球的彈跳、滾動特性，例如說：「我們來玩球，球可以怎麼玩？」圖 6-1-2g. 是 11 個月大小女孩將兩顆軟球上下敲擊；圖 6-1-2h. 是 1 歲半小男生試圖舉過肩頭丟球，他已經能快速跑動去撿滾動的球；圖 6-1-2i. 與圖 6-1-2j. 分別為 1 歲 10 個月與 1 歲 8 個月的嬰幼兒正和成人互動玩球，有時丟球、有時滾球。圖 6-1-2k. 至圖 6-1-2m. 則是教師提供球與各種素材，讓嬰幼兒自行探索這些球等物體與手指

圖 6-1-2c. 球可以怎麼玩？

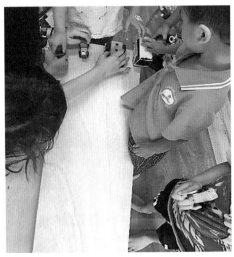

圖 6-1-2d. 球可以怎麼玩？

圖 6-1-2e. 球可以怎麼玩？

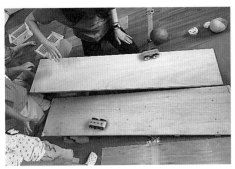

圖 6-1-2f. 球可以怎麼玩？

圖 6-1-2g. 球可以怎麼玩？

圖 6-1-2h. 球可以怎麼玩？

圖 6-1-2i. 球可以怎麼玩？

圖 6-1-2j. 球可以怎麼玩？

圖 6-1-2k. 球可以怎麼玩？

圖 6-1-2l. 球可以怎麼玩？

圖 6-1-2m. 球可以怎麼玩？

膏結合的結果。從中可以看出無論是 1 歲以下或以上的嬰幼兒，都很喜歡手
指膏在手上的感覺。

三、聲音大不同！——我會做沙鈴

遊戲名稱：聲音大不同！——我會做沙鈴
遊戲目標：引發好奇與探究行動、解決生活中問題
準備材料： 1. 各種金屬小罐子、玻璃瓶、鋁罐、寶特瓶等回收物。 2. 彈珠、石頭、鈴鐺、串珠、小積木、豆子等可放入以上容器內的物品。 3. 沙鈴、玩具手搖鈴。
進行步驟： 1. 備好以上材料，請嬰幼兒就坐。手持沙鈴、手搖鈴，問嬰幼兒還記得這些東西嗎？這些東西是什麼？可以做什麼？怎麼做？告訴孩子今天要自己做樂器沙鈴，要試著做做看哪種沙鈴的聲音好聽。 2. 讓孩子充分探索與遊戲一段時間。 3. 針對2～3歲孩子，在過程中可以引導他「預測」與「驗證」，並問為什麼。可以先涉及同種物品但數量不同的沙鈴，如讓孩子全裝串珠，但每個人裝的數量不一樣，然後「比較」彼此的聲音大小並「計數」串珠的數量；再涉及質量不同沙鈴的預測、驗證、比較與計數，例如「豆子與彈珠同樣放入鐵罐中，哪一個聲音大？」「如果彈珠裝到鐵罐、玻璃罐與塑膠瓶中，哪一個聲音大？」 4. 也可製造問題情境，讓嬰幼兒思考並試做，過程中引導嬰幼兒運用科學程序能力。例如，如何製作最大聲的沙鈴，在大班哥哥姐姐畢業典禮上表演，讓大家都聽得到？如何做聽起來聲音最舒服的沙鈴？ 5. 有時間的話，可播放音樂，大家一起打節奏，或留待下次進行。最後請大家幫忙收拾整理。

調整或延伸：

1. 針對 1 歲以下或 1 歲左右的嬰幼兒，教師可以預先製作聲效不同的沙鈴，如內容物有米、小石頭、鈴鐺、彈珠等，沙鈴的外殼有塑膠、紙盒、鐵罐等，讓嬰幼兒以行動探索與感受各個不同沙鈴的聲音，教師並在旁對話，如：「這個好大聲！」「這個比較小聲！」「你喜歡哪種聲音呢？」

2. 針對 1～2 歲嬰幼兒，教師可以與其一起製作簡單的沙鈴，如五彩鈴鐺裝在透明壓克力瓶裡，讓他看到鈴鐺在瓶裡晃動發聲（可同時製作兩個，一個鈴鐺較多、一個鈴鐺較少）。同樣的，教師必須在旁與之對話，並在搖晃前問一些簡單「預測」問題，如：「你覺得哪一個會『比較』大聲？」「為什麼？」也可適時的帶入鈴鐺數量的「計數」。然後可播放音樂，跟嬰幼兒一起打節奏跳舞。

　　聲音瀰漫於日常生活之中，經常伴隨著我們，音樂聲、說話聲、碰撞聲、貓狗叫聲、洗手水流聲、電視聲等。有些嬰幼兒的手搖鈴與沙鈴外觀很類似，沙鈴製作是很生活化與有趣的活動。以下圖 6-1-3a.至圖 6-1-3f.是 2～3 歲幼兒組，他們忙著裝豆子、彈珠等，然後搖晃容器聽著聲音效果，很投入於活動中，甚至自動比較起兩種不同內容物的沙鈴聲音效果。這樣的活動可以多進行幾次，第一次較是自由探索，引發興趣，帶入一點「比較」、「預測」與「驗證」的科學程序能力；第二次以上可以較是結構性，一次專注於一個變項的探索，讓嬰幼兒一面製作、一面運用觀察、推論、預測、實驗、比較、溝通等科學程序能力，以清楚理解是哪一個變項發生作用。好玩的是，製作好後可以立即或專門進行打節奏配樂的活動。

圖 6-1-3a. 聲音大不同！──我會做沙鈴

圖 6-1-3b. 聲音大不同！──我會做沙鈴

圖 6-1-3c. 聲音大不同！──我會做沙鈴

圖 6-1-3d. 聲音大不同！──我會做沙鈴

圖 6-1-3e. 聲音大不同！──我會做沙鈴

圖 6-1-3f. 聲音大不同！──我會做沙鈴

第二節　戶外探索性活動

　　戶外探索性活動的範圍很廣，大自然的花草植栽與蟲鳥，陽光、空氣與水交互作用的天氣狀況，不同地貌景觀與石、沙、土，遊戲結構如滑梯、蹺蹺板與鞦韆等，均可探索，包含生物科學、地球科學、物理科學等內涵，涉及有生命、無生命物體的本質與特性，甚至是其變化，還有自然力量如光、電、聲音等，活動極為豐富。例如挖泥引水做河道、觀螞蟻搬物、踩影子與繪影子、吹泡泡並追跑跳、躺草地觀白雲、聞花香聽鳥叫、種植蔬菜並食用（生長週期較短的）、賞百花與蝴蝶飛、把玩各式奇石、用拖把沾水作畫並靜觀其變、持風車於風中跑動等。為提供參考範例，本節戶外探索性活動介紹三個活動：(1)沙真好玩！(2)水真好玩！(3)花草裡有什麼？期望讀者在閱讀後，能舉一反三，自行設計類似的活動。

一、沙真好玩！

遊戲名稱：沙真好玩！
遊戲目標：引發好奇與探究行動、解決遊戲中的問題
準備材料： 1. 沙箱、沙坑等。 2. 玩沙工具：大小鏟子、大小容器、不同寶特瓶、漏斗、篩杯（或胡椒瓶）、漏斗等。
進行步驟： 1. 帶著嬰幼兒到已經有各種玩沙工具的沙坑處。 2. 讓嬰幼兒盡情的玩與探索一段時間，充分體驗沙的特性。 3. 然後適時提問、挑戰孩子，使其更上一層樓，例如若要把大桶裝滿，需要幾個小容器？小容器裝滿需要幾鏟？自然的帶入「數學」。

4. 發現孩子不常使用某些工具如篩杯、漏斗等，在適當時機提問：「還記得上次老師用漏斗把大瓶水裝到小瓶子中嗎？」「這些東西可以做什麼？」引發其思考與探索不同玩法，過程中讓孩子運用「預測」、以行動「驗證」、「觀察」等能力，並在嬰幼兒使用這些工具作畫後，挑戰其如何能保留畫作？讓其設法解決問題。

5. 針對 2～3 歲左右或以上嬰幼兒，可以試著用童話故事情境挑戰他，請他幫忙設法解決，例如女巫想抓走公主，國王想要為公主建蓋更多層的複雜沙堡，或被護城河圍住的城堡，防止公主被女巫抓走，該怎麼搭建？乾沙其實不太容易塑形，這就涉及解決問題情境，自然的引進水與沙的結合，而且也涉及「工程」的設計、製作與修正，以及「數學」中的空間方位：如裡、外、上、下等。

調整或延伸：

1. 嬰幼兒有個別差異，若怕沙不敢進入沙池的孩子，教師需緊密陪伴、鼓勵與讓他漸進的接觸沙。

2. 嬰幼兒很融入故事情境，針對 2～3 歲左右或以上嬰幼兒，用童話故事挑戰他，請他想辦法解決，這種情境還包括：請他做出湖泊、水庫、引水道或溝渠等工程，以儲水解救經常乾旱缺水的國家。

3. 建議安排混齡遊戲，引發不同年齡層孩子間的模仿，以期玩出更多變化。

　　沙是生活中常見之物，如街道邊、河邊、海邊、公園、鄉間道路等，都可看見沙，孩子可能也有被風沙吹到眼睛的經驗。【沙真好玩！】是期望透過好玩的沙，讓嬰幼兒充分運用感官去探索其特性，如用手直接抓起一把沙，感覺沙從指間流漏；鏟沙到容器或瓶子裡，然後再倒入另一容器；以容器形塑反扣形成沙堡，或用手直接堆塑造形等。這個遊戲可以調整或延伸，對於不敢入沙坑的較小嬰幼兒，教師要循序漸進，如先抱著他坐在沙坑旁，先讓手腳碰到一點沙。圖 6-2-1a.的兩位嬰幼兒分別為 11 個月大的女孩與 1 歲半男孩，剛開始都不肯進入沙坑，教師只好陪伴在沙坑旁坐著；而相對的，

圖 6-2-1b.黃圈圈起的 12 個月大女孩與 16 個月大男孩卻玩得很專注與忙碌，該 12 個月大女孩還非常享受讓沙從指間流漏感（圖 6-2-1c.），又另一位 1 歲 8 個月大男孩也很享受讓沙從指間流漏的感覺（圖 6-2-1d.）。孩子似乎都很專注於裝沙於容器、將容器的沙再倒到另一容器的活動（圖 6-2-1e.與圖 6-2-1f.）。

圖 6-2-1a.　好玩的沙

圖 6-2-1b.　好玩的沙

圖 6-2-1c.　好玩的沙

圖 6-2-1d.　好玩的沙

圖 6-2-1e.　好玩的沙

圖 6-2-1f.　好玩的沙

2～3 歲幼兒更進一步的於填滿容器後，反扣做出沙堡（圖 6-2-1g.至圖 6-2-1i.）。如上活動設計建議，可用故事情境挑戰幼兒做出複雜城堡或水道工程。若幼兒玩沙時忽略某些工具，如有小洞的篩杯、胡椒瓶、漏斗等，教師宜鼓勵幼兒探索這些東西與沙結合可以做出什麼？圖 6-2-1j.至圖 6-2-1l. 就是在老師引導下，幼兒嘗試用篩杯作畫（可先在紙上塗上漿糊，讓沙可黏著於紙上），這個遊戲可讓幼兒體驗自己行動所產生的藝術效果；不過也可先不塗漿糊，讓幼兒思考如何將其創作永久保留，解決遊戲中的問題。

圖 6-2-1g.　好玩的沙

圖 6-2-1h.　好玩的沙

圖 6-2-1i.　好玩的沙

圖 6-2-1j.　好玩的沙

圖 6-2-1k.　好玩的沙

圖 6-2-1l.　好玩的沙

二、水真好玩！

遊戲名稱：水真好玩！
遊戲目標：引發好奇與探究行動、解決生活中的問題
準備材料： 1. 水箱、水池、大型洗手台或塑膠小泳池。 2. 玩水工具：大小容器、寶特瓶、花灑、噴霧器、大滴管、水壺、漏斗、大型篩籃、海綿、布塊、塑膠袋、可浮於水的物品如球等。
進行步驟： 1. 帶著嬰幼兒到已經有各種玩水工具的水箱、大型洗手台或塑膠小泳池處。 2. 讓嬰幼兒盡情的運用工具遊戲與探索一段時間，充分體驗水的特性。 3. 視時機提問與挑戰孩子，使其更上一層樓，例如嬰幼兒喜歡以容器裝水、倒水，教師可提問：「要多少小容器才能裝滿大桶子？」自然的與「數學」結合。 4. 利用嬰幼兒喜歡水往身上、地上淋沖的感覺，教師可以製造地上一灘汙泥，讓其設法解決問題。

5. 針對近 2～3 歲左右或以上嬰幼兒，宜提出更多問題，讓他設法解決，例如池裡水太多，想拿出二、三大桶，但不能用容器取水，有什麼方法（如以海綿或布塊吸水、大滴管取水、堵住漏斗口取水、塑膠袋取水、用手捧水等）？

6. 發現孩子不常使用某些工具，在適當時機提問：「還記得我們在教室裡用海綿做什麼？」「這些東西可以做什麼？」引發探索不同的玩法，如篩杯、大滴管、海綿等可以怎麼玩？

調整或延伸：

1. 針對近 2～3 歲左右或以上嬰幼兒，也可運用故事情境引導，讓嬰幼兒幫忙解決問題，如設計小船幫公主運送貨物過河，船的素材有容器或黏土等（涉浮與沉原理：坨狀與扁平的黏土船，效果不同，過程中須加引導，讓幼兒盡量能運用科學程序能力）。

水是日常生活的必需品，人類每天都要喝水、用水清潔與洗澡，其他動植物也是離不開水。嬰幼兒非常享受水，這個活動的目的是讓孩子從遊戲探索中體驗水的特性，例如水無色無臭、隨容器改變形狀、水有重量、水有壓力、浮力等。幼兒很享受水淋沖在身上的感覺，也喜歡往地上沖（圖6-2-2a.），連 1 歲小嬰兒都無法抵抗它的魅力，跟著裝水（倒水）（圖6-2-2b.）。1 歲多的嬰幼兒除了忙著用各種容器在水池裡裝水，還會對著水龍頭裝水，或用挖沙的鏟子裝水入容器，然後把水倒入另一容器（圖6-2-2c.與圖6-2-2d.）。當孩子忙碌探索時，一位老師故意把水龍頭關掉，圖6-2-2e.的 1 歲 10 個月嬰幼兒發覺容器接不到水，愣了一下，接著自己用手開了水龍頭（教師趁其不注意又關了幾次，他也又開了幾次）。而圖6-2-2f.中的 1 歲8 個月男孩則用鏟子挖水裡的小球到容器裡，很有創意。

2～3 歲嬰幼兒一開始忙於探索個別工具的作用，如花灑、水壺、大篩籃、噴霧器、大滴管、漏斗等（圖6-2-2g.至圖6-2-2j.），接著在老師引導下就出現一些簡單的合作行為，例如一人扶著瓶子與漏斗，一人用水壺倒水

（圖 6-2-2k.），一人拿著花灑對著另一人的大篩籃灑水（圖 6-2-2l.）。過程中出現合併使用工具的場景，例如將花灑、大篩籃與鏟子結合，做出水花效果（圖 6-2-2m.），顯示實驗行為。

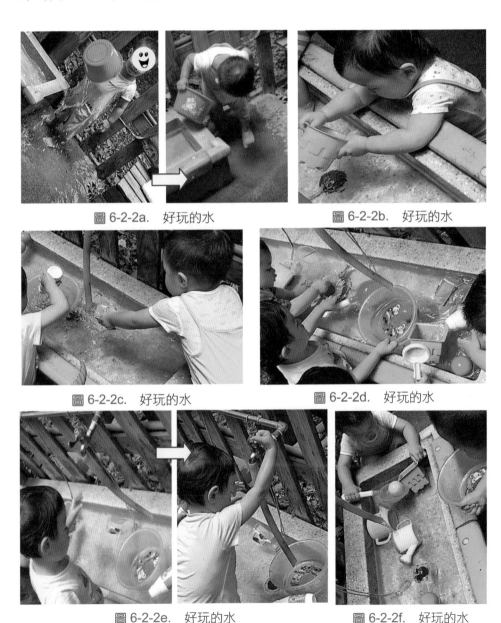

圖 6-2-2a.　好玩的水

圖 6-2-2b.　好玩的水

圖 6-2-2c.　好玩的水

圖 6-2-2d.　好玩的水

圖 6-2-2e.　好玩的水

圖 6-2-2f.　好玩的水

圖 6-2-2g. 好玩的水

圖 6-2-2h. 好玩的水

圖 6-2-2i. 好玩的水

圖 6-2-2j. 好玩的水

圖 6-2-2k. 好玩的水

圖 6-2-2l. 好玩的水

圖 6-2-2m.　好玩的水

🔍 三、花草裡有什麼？

遊戲名稱：花草裡有什麼？
遊戲目標：引發好奇與探究行動
準備材料：   1. 戶外花草處。   2. 放大鏡、相機等。
進行步驟：   1. 帶著嬰幼兒到戶外有花草處。   2. 讓嬰幼兒盡情的倘佯，觀察花草、蝴蝶、昆蟲與周遭環境，並適時提問給予「觀察」與「比較」的焦點，如「花都長得一樣嗎？」「有多少種花？有多少種葉子？」讓幼兒試著感受植物種類繁多並引導他計數種類，或數算不同花朵的花瓣數等，自然的融入「數學」。   3. 發給嬰幼兒放大鏡，讓他們對著花草「觀察」，聚焦其探究行動，並請其說出來，發生了什麼事？「比較」前後所看見的有什麼不同？教師幫忙拍照，以供回溯之用。

4. 1歲以上已經會走的嬰幼兒可以走遠些到社區的公園，出發前噴防蚊液並記得帶著水壺與放大鏡、相機等。最後將在公園撿拾到的花、葉、樹枝等帶回教室，以供藝術創作（其實較小嬰兒也可以乘坐推車或牽著走一小段路到公園）。

5. 在電腦上播放今日的照片，請幼兒說出今天在戶外看到什麼（科學程序能力中的「溝通」）？心情覺得如何？

調整或延伸：

1. 如果環境許可，春天可以在園裡讓嬰幼兒種植生長期較短的蔬菜，如小白菜、空心菜、生菜，約二、三十天孩子就可食用；如無合宜的大空間，可運用長方形容器倚立於室外牆邊種植。主要目的在讓孩子藉著照顧感受植物的生長條件與特性。

2. 也可種植生長期較短的小黃瓜，讓幼兒澆水照顧，甚而協助搭支架讓瓜藤攀爬，學期中或末就可食用果實了。過程中藉「觀察」、「比較」、「記錄」、「溝通」等科學程序能力，感受發芽、成長、開花、結果的生命成長完整歷程與植栽的特性，甚至也可觀察到周遭的蝴蝶與各種昆蟲等。

　　花草植栽圍繞於生活周遭環境，人類生活實在離不開花草植栽，不管是食用、藥用、做成工具或家具用、觀賞美化用，最重要的是具環境保護作用，如防噪音、防灰塵、防風、水土保持等，它是生活中的不可或缺部分。所以嬰幼兒每日都要有到戶外觀賞或嬉戲的時間，感受大自然花草植栽的美麗，呼吸新鮮空氣，甚而自然的接觸各種昆蟲。其實嬰幼兒本就很喜歡到戶外，因為太多的事物吸引著他，每日的外出都會發現新的經驗，帶給孩子無比的興奮，如有花苞長出、開出不同顏色的花、結許多果子、不同種類的蝴蝶飛舞，還有其他不知名的昆蟲等。若園中環境許可，盡量讓嬰幼兒有自己種植與照顧的經驗，如以上延伸活動設計，將對嬰幼兒受益無窮。

圖中的孩子約是 1 歲半至 2 歲的孩子，一看到花花草草就很投入的觀察，如圖 6-2-3a. 與圖 6-2-3b. 的孩子，大家看著植栽好像在談論著什麼。當天孩子發現植栽長出紅色的果子（圖 6-2-3c.），大家就一直在植栽叢裡尋找，後來有孩子發現蝴蝶了，就追著飛舞的蝴蝶跑。過程中教師拿出放大鏡分給孩子，孩子也很專注的觀察著植物（圖 6-2-3d. 與圖 6-2-3e.），後來有孩子好像發現地上有小蟲子，兩、三個孩子就蹲著用放大鏡觀察與談起話來（圖 6-2-3f.）。可以說嬰幼兒在整個戶外時間，都很投入與忙碌。

圖 6-2-3a.　花草裡有什麼？

圖 6-2-3b.　花草裡有什麼？

圖 6-2-3c.　花草裡有什麼？

圖 6-2-3d.　花草裡有什麼？

圖 6-2-3e.　花草裡有什麼？

圖 6-2-3f.　花草裡有什麼？

第三節　藝術探索性活動

　　藝術探索性活動主要是感受與運用藝術媒材於表徵，因為嬰幼兒是以其感官探索世界的，所以讓其感官充分接觸這些藝術媒材，如黏土、麵糰、手指膏、印泥、大蠟筆、粉筆等，及其他創作媒材如紙盒、泡棉、捲筒、布丁盒等回收材料。其實適合嬰幼兒的藝術探索性活動很多，例如撕貼畫（撕完紙張後加以黏貼於畫紙上）、吹泡泡畫（吹泡泡後讓其在紙上留下痕跡）、滾珠畫（彈珠沾顏料於畫盤中的畫紙滾動）、篩沙畫（用篩盤或篩罐裝彩沙或鹽巴灑在塗上漿糊的畫紙上）、錫箔紙雕（揉捏錫箔紙成有趣造型）、磁鐵雕（磁鐵與鐵類製品的結合塑形）、摺紙等，就此而言，藝術媒材探索性活動也與物體探索性活動有關。為提供參考範例，本節藝術探索性活動共介紹三個活動：(1)黏土可以做什麼？(2)看我印出什麼？(3)紙盒可以做什麼？期望讀者在閱讀後，能舉一反三，自行設計類似的活動。

一、黏土可以做什麼？

遊戲名稱：黏土可以做什麼？
遊戲目標：引發好奇與探究行動、解決遊戲中的問題
準備材料：
1. 黏土或麵糰。
2. 工具如擀麵棍、塑膠刀、塑膠模型等。
3. 擀麵皮、做包子、餃子的照片數張。
4. 較大嬰幼兒可準備冰棍、吸管、串珠、彈珠、塑膠瓶、布丁盒、瓶蓋等附加材料。

進行步驟：

1. 在桌上擺出黏土（麵糰）和各式工具、材料。

2. 出示擀麵皮、做包子、餃子的照片，鼓勵嬰幼兒假裝做做看，也可以做別的造型。容許嬰幼兒自由探索一段時間，充分感受黏土（麵糰）的特性。

3. 問嬰幼兒：「可以用黏土（麵糰）做什麼？」「你想做什麼？」「那要怎麼做呢？」若嬰幼兒只專注於黏土（麵糰），提示他可以使用各種工具，試試看這些工具和黏土（麵糰）結合可變出什麼（運用「預測」、以行動「驗證」、「觀察」等能力）？

4. 建議較大嬰幼兒充分運用各種附加物，試試看這些附加物與黏土會變出什麼東西（運用「預測」、以行動「驗證」、「觀察」等能力）。當幼兒嘗試做出造型後，先予誇讚該造型優點，然後挑戰他如何運用此造型再加以變化，或是製作其他完全不同的造型；並且一起「計數」每個造型總共運用多少個附加材料（如用幾支冰棍）。

5. 針對各個作品優點加以誇讚並陳列於明顯處。

6. 請幼兒幫忙收拾與清理桌面。

調整或延伸：

1. 1 歲左右的嬰幼兒對黏土很感新鮮，所以盡量允許其只用感官探索，充分了解黏土的特性；隨著年齡愈大，可以提供愈多的工具與附加材料，並鼓勵其試試看這些工具及材料與黏土結合的效果。

2. 2～3 歲左右或以上嬰幼兒可讓他自行尋找室內可與黏土結合的物品，並嘗試做出造型（過程中運用「預測」、以行動「驗證」、「觀察」等能力）。並且開始帶入「設計—製作—修正」的工程概念，即讓幼兒先想想看要做什麼並視幼兒能力繪畫設計圖（或用肢體表達），然後經過製作過程，再設法修正。

3. 建議混齡實施活動，發揮同儕鷹架之效。

黏土或麵糰是非常開放的材料，單純揉捏黏土就可有無數造型與變化，若配合擀麵工具、小刀、模型等工具運用，可加大其變化，再配合其他附加材料如冰棍、吸管、布丁盒、毛根、串珠等，其形塑的潛能更大，所以鼓勵托育中心多加進行此一活動。1 歲以前或 1 歲左右的嬰幼兒對黏土自身非常好奇，大部分的時間都在探索黏土的特性，喜歡用手指去摳它、捏小塊凝視（圖 6-3-1a. 至圖 6-3-1d.），甚至有些還會放入嘴裡嚐嚐，所以進行黏土活動時，教師要密切注意較小嬰幼兒的行動。近 2 歲的嬰幼兒雖然也會用手直接去探索，但是較會使用工具，如圖 6-3-1e. 與 6-3-1f.。

圖 6-3-1a.　黏土可以做什麼？

圖 6-3-1b.　黏土可以做什麼？

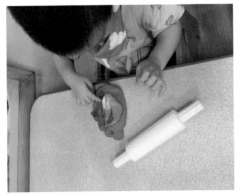

圖 6-3-1c.　黏土可以做什麼？

圖 6-3-1d.　黏土可以做什麼？

圖 6-3-1e. 黏土可以做什麼？

圖 6-3-1f. 黏土可以做什麼？

　　2～3 歲嬰幼兒較會運用工具與附加材料，圖 6-3-1g. 與圖 6-3-1h.是用冰棒棍或吸管兩端插入黏土，做成許多的小結構造型，教師可挑戰他如何再運用這許多小結構物變成一個大型結構（例如將數個小結構物的兩端黏土黏接，做成如球體或原子結構的造型，或做出向外輻射有如網狀的大型結構）。此外，在結構物完成後，可以一起計數用了多少支冰棍，自然融入「數學」。又 2～3 歲嬰幼兒喜歡幫自己的作品命名，例如圖 6-3-1i.是花朵、圖 6-3-1j.是冰棒、圖 6-3-1k.是彩虹、圖 6-3-1l.是小花籃。

圖 6-3-1g. 黏土可以做什麼？

圖 6-3-1h. 黏土可以做什麼？

圖 6-3-1i.　黏土可以做什麼？
——花朵

圖 6-3-1j.　黏土可以做什麼？——冰棒

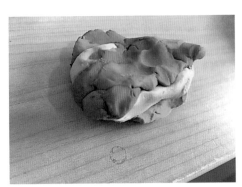

圖 6-3-1k.　黏土可以做什麼？——彩虹

圖 6-3-1l.　黏土可以做什麼？
——小花籃

🔍 二、看我印出什麼？

遊戲名稱：看我印出什麼？
遊戲目標：引發好奇與探究行動
準備材料：
1. 手指膏或彩糊。
2. 大壁報紙或大型厚紙箱。
3. 人造物如海綿塊、厚捲筒、大吸管、瓶蓋、小罐子、紙團等。
4. 自然物如松果、樹枝、葉子等。
進行步驟：
1. 準備好以上相關材料，邀請嬰幼兒參與。
2. 告訴嬰幼兒可以運用所提供的物品，試試看這些物品沾手指膏或彩糊，會印出什麼效果（運用「預測」、以行動「驗證」、「觀察」能力）？
3. 讓嬰幼兒自由探索一段時間，容許嬰幼兒用身體部位如手或腳直接印畫。
4. 提醒嬰幼兒每一種物品都可試試其效果，並以問題引導嬰幼兒使其能以不同方式操作或蓋印。必要時教師可以在旁操作，以發揮示範鷹架之效，激發其他變化，如球可以用擦拭、滾動、丟擲的方式留下印記（過程中讓嬰幼兒運用「預測」、以行動「驗證」、「觀察」能力）。
5. 誇讚作品的優點，將嬰幼兒作品陳列在活動室。
6. 請嬰幼兒幫忙收拾、擦拭桌面等。
調整或延伸：
1. 容許較小的嬰幼兒投入許多時間享受手指膏在手上的感覺，以及將焦點放在各種物品的探索與把玩。

2. 可詢問 2～3 歲左右或以上嬰幼兒什麼東西可以蓋印，並且請其自行尋找生活中的物品嘗試（過程中讓嬰幼兒運用「預測」、以行動「驗證」、「觀察」等能力）。

3. 建議安排混齡活動，讓孩子間相互激盪，玩出變化。

　　蓋印活動很生活化，因為生活中有很多東西留下印痕，如下雨過後帶有髒泥的鞋印、信件上的郵戳印、被咬過的麵包上的齒印、從浴室出來留在地毯上濕的腳印、媽媽親過臉上的口紅印、沙灘上走過的腳印等。1 歲左右較小嬰幼兒似乎對手指膏在手上的感覺很享受，會不斷的在手中搓揉或凝視著（圖 6-3-2a.），還有對工具或物品的興趣似乎大於印畫（圖 6-3-2b.與 6-3-2d.）。將近 2 歲的嬰幼兒會運用身體部位如手、腳蓋印（圖 6-3-2b.、圖 6-3-2c.、圖 6-3-2e.與圖 6-3-2f.），也喜歡用物品印畫。

圖 6-3-2a.　看我印出什麼？

圖 6-3-2b.　看我印出什麼？

圖 6-3-2c. 看我印出什麼？

圖 6-3-2d. 看我印出什麼？

圖 6-3-2e. 看我印出什麼？

圖 6-3-2f. 看我印出什麼？

　　此次2～3歲嬰幼兒活動的蓋印材料是教師準備的（圖6-3-2g.），其實也可以讓2～3歲嬰幼兒自行準備可以蓋出印跡的東西，如自己捏揉紙團、折彎毛根等，或尋找活動室內物品，並以行動「驗證」其想法。他們很享受彩糊在手上的感覺（圖6-3-2h.與圖6-3-2i.），非常投入於活動中（圖6-3-2j.與圖6-3-2k.），不斷的回到材料桌將蓋印材料沾滿彩糊，又飛奔前去蓋印。活動結束後，教師要求嬰幼兒幫忙收拾擦拭桌面（圖6-3-2l.）。圖中的紙箱是配

合主題活動所製做的兔子洞穴，讓嬰幼兒以蓋印活動裝飾洞穴，其實這個活動除體驗彩糊的特性外，也結合了工程製作概念與美感領域。

圖 6-3-2g.　看我印出什麼？

圖 6-3-2h.　看我印出什麼？

圖 6-3-2i.　看我印出什麼？

圖 6-3-2j.　看我印出什麼？

圖 6-3-2k.　看我印出什麼？

圖 6-3-2l.　看我印出什麼？

三、盒子可以做什麼？

遊戲名稱：盒子可以做什麼？
遊戲目標：引發好奇與探究行動、解決生活中的問題
準備材料：
1. 各式各樣的盒子（回收物）、其他回收物如厚紙捲、瓶蓋，與可供裝飾的色紙、皺紋紙等。 2. 膠帶台、漿糊、剪刀、美工刀等製作工具。
進行步驟：
1. 準備好相關物品後，邀請嬰幼兒就坐。 2. 問嬰幼兒：「盒子除了可以裝東西外，還可以做什麼？」請嬰幼兒思考與發表，如果孩子說不出來也沒關係。告訴嬰幼兒新學期開始，大家要互送禮物表示友好：「今天我們要用盒子做禮物喔！」

3. 教師在旁不斷提醒：「先想想看你想做什麼？再想你要怎麼做呢？」藉機帶入「工程」的設計與製作概念。

4. 如果孩子要使用美工刀、剪刀、膠帶台等，教師在旁示範或協助。

5. 針對個別嬰幼兒作品優點加以誇讚並陳列於明顯處。

6. 請嬰幼兒幫忙收拾清理乾淨。

調整或延伸：

1. 針對 1 歲以下或左右的嬰幼兒，可以調整成大盒中有小盒或是盒內放入物品，導致拿起來會晃動發聲；或盒內有金亮的大紙片露出，閃耀動人，以引起嬰幼兒的探索興趣，試圖去開啟每個盒子。教師拿起一個盒子搖晃說：「咦！盒子裡有什麼啊？可以打開來看看喔！」

2. 針對 1～2 歲孩子，可以和他一起製作，例如老師和嬰幼兒討論要做什麼，接著請孩子幫忙扶住兩個大小不同的盒子，老師用膠帶黏好，再請嬰幼兒挑選色紙、皺紋紙等當作裙子，貼在盒子的中央部位，成為可愛的玩偶。如果缺乏某種材料時，教師引導幼兒可用什麼東西替代，如某種類型的紙盒不夠時。

3. 針對 2～3 歲左右或以上嬰幼兒，進行本活動時，可以開始帶入「設計―製作―修正」的「工程」概念，即讓嬰幼兒先想想看並視嬰幼兒能力畫設計圖（或以肢體動作表達），然後經過製作與修正過程。針對製作過程中的問題如缺少某種素材與工具，教師引導幼兒創意解決。最後問嬰幼兒他的作品中，在設計時與實際上各用了幾個盒子？幾個捲筒？自然帶入「數學」。

4. 也可以試試看不同版本的「盒子可以做什麼？」，例如引導嬰幼兒說：「盒子可以裝東西，我們來裝東西！」準備泡棉積木或樂高積木，讓嬰幼兒在不同的大盒子（箱子）裡放入積木，放前問孩子可以放幾塊（估算），然後和孩子一起計數正確數目。這個活動涉及「空間」推理與「計數」。

生活中經常會有很多大小與形式不同的盒子，這些盒子做為創作素材十分開放，也解決垃圾過多問題，因此本活動主要在讓孩子發揮創意，設法將自己的想法做出來，是「工程」活動的先驅。圖片中的孩子是2～3歲組，他們在過程中選定自己要的盒子後就開始專注投入（圖6-3-3a.與圖6-3-3b.）。而他們作品也很有想法，圖6-3-3c.是休旅車，圖6-3-3d.是機器人，兩個作品都運用厚紙捲，但是用法不同，一個是橫放做為休旅車的輪子，一個是直立當成機器人的腳。

圖6-3-3a.　盒子可以做什麼？

圖6-3-3b.　盒子可以做什麼？

圖6-3-3c.　盒子可以做什麼？
　　　　　　——休旅車

圖6-3-3d.　盒子可以做什麼？
　　　　　　——機器人

參考文獻

中文部分

中國教育科學研究院（2017）。中國 STEM 教育白皮書。取自 http://mp.
　　weixin.qq.com/s/Pjlxk3Y0WP5qdgSfh8pShw

中國教育部與聯合國兒童基金會（2011）。0～6 歲兒童發展的里程碑。取自
　　http://www.unicef.cn/cn/uploadfile/2012/0210/20120210024615488.pdf

中國教育創新研究院（2016）。面對未來的教育──培養 21 世紀核心素養
　　的全球經驗。取自 https://wenku.baidu.com/view/c42be92608a1284ac95043
　　d8###

王珮玲（2013）。幼兒發展評量與輔導（第五版）。台北市：心理。

台灣衛生福利部社會及家庭署（2018a）。兒童發展量表。取自 https://www.
　　sfaa.gov.tw/SFAA/Pages/Detail.aspx?nodeid=148&pid=650

台灣衛生福利部社會及家庭署（2018b）。托嬰中心評鑑作業規範參考範
　　例。取自 https://www.sfaa.gov.tw/SFAA/Pages/Detail.aspx?nodeid=723&pid=
　　4667

周淑惠（1995）。幼兒數學新論──教材教法。台北市：心理。

周淑惠（1998）。幼兒自然科學經驗──教材教法。台北市：心理。

周淑惠（2006）。幼兒園課程與教學──探究取向之主題課程。台北市：心
　　理。

周淑惠（2008）。幼兒自然科學經驗──教材教法。南京市：南京師範大
　　學。

周淑惠（2012）。幼兒數學新論──教材教法。南京市：南京師範大學。

周淑惠（2013）。遊戲 VS.課程──幼兒遊戲定位與實施。台北市：心理。

周淑惠（2017a）。面向 21 世紀的幼兒教育──探究取向主題課程。新北
　　市：心理。

周淑惠（2017b）。STEM 教育自幼開始──幼兒園主題探究課程中的經驗。台灣教育評論月刊，6（9），169-176。

周淑惠（2018a）。幼兒園主題探究課程與教學。北京市：北京聯合。

周淑惠（2018b）。面向 21 世紀的幼兒教育──探究取向主題課程。武漢市：長江。

周淑惠（2018c）。具 STEM 精神之幼兒探究課程紀實──「一起創建遊戲樂園」主題。新北市：心理。

周淑惠（2018d）。幼兒遊戲與課程。北京市：北京聯合。

周淑惠（2018e）。幼兒園學習環境規劃。北京市：北京聯合。

周淑惠（譯）（2014）。嬰幼兒教保環境與互動實務（原作者：A. Clare）。台北市：心理。

柯華葳（1995）。學前的孩子不是沒有邏輯、知識的小人兒。新幼教，5，21-23。

黃世孟、劉玉燕（1992）。幼稚園建築計劃準則研究。台北市：內政部建築研究所籌備處。

黃瑞琴（2001）。幼兒遊戲課程。台北市：心理。

葉郁菁、施嘉慧、鄭伊恬（2016）。幼兒發展與保育。台北市：五南。

劉育東（1997）。建築的涵義：認識建築、體驗建築、並了解建築。台北市：胡氏圖書。

歐用生（1993）。課程發展的基本原理。高雄市：復文。

龔美娟、陳姣伶、李德芬、游淑芬、華紹昌（編著）（2012）。嬰幼兒發展與輔導。新北市：群英。

西文部分

Barbre, J. G. (2017). *Baby steps to STEM: Infant and toddler science, technology, engineering, and math activities*. St. Paul, MN: Redleaf Press.

Baroody, A. J. (1987). *Children's mathematical thinking: A developmental frame-*

work for preschool, primary, and special education teachers. New York, NY: Teachers College Press.

Berk, L. E. (2001). *Awakening children's minds: How parents and teachers can make a difference.* New York, NY: Oxford University Press.

Berk, L. E (2012). *Child development* (9th ed.). Boston, MA: Pearson.

Berk, L. E., & Winsler, A. (1995). *Scaffolding children's learning: Vygotsky and early childhood education.* Washington, DC: National Association for the Education of Young Children.

Bodrova, E., & Leong, D. J. (1996). *Tool of the mind: The Vygotskian approach to early childhood education.* Englewood Cliffs, NJ: Prentice-Hall.

Bronfenbrenner, U. (1979). *The ecology of human development: Experiments by nature and design.* Cambridge, MA: Harvard University Press.

Cecil, L. M., Gray, M. M., Thornburg, K. R., & Ispa, J. (1985). Curiosity-exploration-play-creativity: The early childhood mosaic. *Early Child Development and Care, 19,* 199-217.

Cohen, U., Hill, A. B., Lane, C. G., McGinty, T., & Moore, G. T. (1992). *Recommendation for children play areas.* Milwaukee, WI: Center for Architecture and Urban Planning Research, University of Wisconsin-Milwaukee.

Commonwealth of Australia. (2009). *Belonging, being and becoming: The early years learning framework for Australia.* Retrieved from https://www.dss.gov.au/sites/default/files/documents/05_2015/belonging_being_and_becoming_the_early_years_learning_framework_for_australia.pdf

Copple, C., & Bredekamp, S. (Eds.). (2009). *Developmentally appropriate practice in early childhood programs: Serving children from birth through age 8* (3rd ed.). Washington, DC: National Association for the Education of Young Children.

Copple, C., Bredekamp, S., Koralek, D., & Charner, K. (Eds.). (2013). *Developmen-*

tally appropriate practice: Focus on infants and toddlers. Washington, DC: National Association for the Education of Young Children.

Department for Education of England. (2017). *Statutory framework for the early years foundation stage: Setting the standards for learning, development, and care for children from birth to five.* Retrieved from http://gov.uk/government/uploads/system/uploads/attachment_data/file/596629/EYFS_STATUTORY_FRAMEWORK_2017.pdf

Englehart, D., Mitchell, D., Albers-Biddle, J., Jennings-Towle, K., & Forestieri, M. (2016). *STEM play: Integrating inquiry into learning centers*. Lewisville, NC: Gryphon House.

Erikson Institute. (2017). *Early STEM matters—Providing high quality STEM experience for all young learners: A policy report by the Early Childhood STEM Working Group*. Retrieved from http://ecstem.uchicago.edu/overview/

Fein, G. G., & Schwartz, S. S. (1986). The social coordination of pretense in preschool children. In G. G. Fein & M. Rivkin (Eds.), *The young child at play: Review of research* (Vol. 4) (pp. 95-112). Washington, DC: National Association for the Education of Young Children.

Fleer, M. (1993). Science education in child care. *Science Education, 77*(6), 561-573.

Forman, G. E., & Kaden, M. (1987). Research on science education for young children. In C. Seefeldt (Ed.), *The early childhood curriculum: A review of current research* (pp. 141-164). New York, NY: Teachers College Press.

Ge, X., Ifenthaler, D., & Spector, J. M. (2015). Moving forward with STEAM education research. In X. Ge, D. Ifenthaler, & J. M. Spector (Eds.), *Emerging technologies for STEAM education* (pp. 383-395). New York, NY: Springer.

Gelman, R., & Brenneman, K. (2004). Science learning pathways for young children. *Early Childhood Research Quarterly, 19*(1), 150-158.

Ginsburg, H. P. (1989). *Children's arithmetic: The learning process.* New York, NY:

D. Van Nostrand.

Ginsburg, H. P., & Opper, S. (1988). *Piaget's theory of intellectual development*. Englewood Cliffs, NJ: Prentice-Hall.

Gonzalez-Mena, J., & Eyer, D. W. (2018). *Infants, toddlers, and caregivers: A curriculum of respectful, responsive, relationship-based care and education* (11st ed.). New York, NY: McGraw-Hill.

Gopnik, A. (2012). Scientific thinking in young children: Theoretical advances, empirical research, and policy implications. *Literature Review in Science, 337* (6102), 1623-1627.

Harms, T., Cryer, D., & Clifford, R. M. (2006). *Infant/Toddler environment rating scale*. New York, NY: Teachers College Press.

International Technology Education Association. [ITEA] (2007). *Standards for technological literacy: Content for the study of technology*. Reston, VA: Author.

Isenberg, J. P., & Jalongo, M. R. (1997). *Creative expression and play in early childhood*. Upper Saddle River, NJ: Prentice-Hall.

Krajcik, J., & Delen, I. (2017). Engaging learners in STEM education. *Eesti Haridusteaduste Ajakiri, nr5*(1), 35-38. Retrieved from http://ojs.utlib.ee/index.php/EHA/article/view/eha.2017.5.1.02b/8467

Lederman, N. G. (1999). The state of science education: Subject matter without content. *Electronic Journals of Science Education, 3*(2). Retrieved from http://ejse.southwestern.edu/article/view/7602/5369

Lindeman, K. W., & Anderson, E. M. (2015). E. M. using blocks to develop 21st century skills. *Young Children, March*, 36-43.

McClure, E. (2017). More than a foundation: Young children are capable STEM learners. *Young Children, November*, 83-89.

McClure, E. R., Guernsey, L., Clements, D. H., Bales, S. N., Nichols, J., Kendall-Taylor, N., & Levine, M. H. (2017). *STEM starts early: Grounding science, tech-*

nology, engineering, and math education in early childhood. New York, NY: The Joan Ganz Cooney Center at Sesame Workshop. Retrieved from https://joanganzcooneycenter.org/wpcontent/uploads/2017/01/jgcc_stemstartsearly_final.pdf

McClure, E., Guernsey, L., & Ashbrook, P. (2017). Where's spot?: Finding STEM opportunities for young children in moments of dramatic tension. *American Educator, Fall*, 12-15.

Moomaw, S. (2013). *Teaching STEM in the early years: Activities for integrating science, technology, engineering, and mathematics*. St. Paul, MN: Red Leaf Press.

Moore, G. T., Lane, C. G., Hill, A. B., Cohen, U., & McGinty, T. (1996). *Recommendation for child care centers*. Milwaukee, WI: Center for Architecture and Urban Planning Research, University of Wisconsin-Milwaukee.

National Council of Teachers of Mathematics. [NCTM] (2000). *Priciples and standards for school mathematics*. Retrieved from https://www.nctm.org/uploadedFiles/Standards_and_Positions/PSSM_ExecutiveSummary.pdf

National Research Council. [NRC] (1996). *National science educational standards*. Retrieved from https://www.csun.edu/science/ref/curriculum/reforms/nses/nses-complete.pdf

National Research Council. [NRC] (2000). *Inquiry and the national science education standards: A guide for teaching and learning*. Washington, DC: National Academy Press. Retrieved from https://www.nap.edu/read/9596/chapter1

National Research Council. [NRC] (2009). *Engineering in K-12 education: Understanding the status and improving the prospects*. Washington, DC: National Academy Press.

National Research Council. [NRC] (2013). *Next generation science standards*. Retrieved from https://www.nextgenscience.org/three-dimensions and https://www.nap.edu/read/13165/chaper/7#42

National Science Teacher Association. [NSTA] (2004). *NSTA position statement: Scientific inquiry*. Retrieved from http://www.nsta.org/about/positions/inquiry.aspx

National Scientific Council on the Developing Child. (2004). *Young children develop in an environment of relationships: Working paper No. 1*. Retrieved from http://www.developingchild.harvard.edu

National Scientific Council on the Developing Child. (2007). *The science of early childhood development* (in brief). Retrieved from http://www.developingchild.harvard.edu

Ornstein, A. C., & Hunkins, F. P. (2017). *Curriculum: Foundations, principles, and issues* (7th ed.). Boston, MA: Pearson.

Piaget, J. (1970). *Genetic epistemology* (Trans. by E. Duckworth). New York, NY: Columbia University Press.

Piaget, J. (1976). Piaget's theory. In B. Inhelder & H. Chipman (Eds.), *Piaget and his school: A reader in developmental psychology*. New York, NY: Springer-Verlag.

Rivkin, M. (1995). *The great outdoors: Restoring children's right to play outside*. Washington, DC: National Association for the Education of Young Children.

Robson, S. (2003). Home and school: A potentially powerful partnership. In S. Robson & S. Smedley (Eds.), *Education in early childhood: First things first* (pp. 56-74). London, UK: David Fulton.

Selly, P. T. (2017). *Teaching STEM outdoors: Activities for young children*. St. Paul, MN: Red Leaf Press.

Sharapan, H. (2012). From STEM to STEAM: How early childhood educators can apply Roy Roggers' approach. *Young Children, January*, 36-41.

Smilansky, S., & Shefatya, L. (1990). *Facilitating play: A medium for promoting cognitive, socio-emotional, and academic development in young children*. Gaithersburg, MD: Psychological and Educational Publications.

Sousa, D. A., & Pilecki, T. (2013). *From STEM to STEAM: Using brain-compatible strategies to integrate the Arts*. Thousand Oaks, CA: Corwin.

Stone-Macdonald, A., Wendell, K., Douglass, A., & Love, M. (2015). *Engaging young engineers: Teaching problem-solving skills through STEM*. Baltimore, MD: Paul H. Brookes.

The White House, Office of the Press Secretary. (2009). *Educate to innovate*. Retrieved from https://obamawhitehoue.archive.gov/the-press-office/president-obama-lanches-educate-innovate-campaign-excellence-science-technology-en

UK Government. (2017). *Building our industrial strategy: Green paper*. Retrieved from https://beisgovuk.citizenspace.com/strategy/industrialstrategy/supporting_documents/buildingourindustrialstrategygreenpaper.pdf

United Nations, Educational, Scientific, and Cultural Organization. [UNESCO] (1996). *Learning: The treasure within*. Retrieved from http://unesdoc.unesco.org/images/0010/001095/109590eo.pdf

US Department of Education. (2016). *STEM 2026: A vision for innovation in STEM education*. Retrieved from https://innovation.ed.gov/files/2016/09/AIR-STEM2026_Report_2016.pdf

Vygotsky, L. S. (1978). *Mind in society: The development of higher psychological process*. Cambridge, MA: Harvard University Press.

Vygotsky, L. S. (1991). *Thought and language* (5th ed.). MA: The MIT Press.

Wittmer, D. S., & Peterson, S. H. (2018). *Infant and toddler development and responsive program planning: A relationship-based approach* (4th ed.). New York, NY: Pearson.

Wood, D., Bruner, J., & Ross, G. (1976). The role of tutoring in problem solving. *Journal of Child Psychology and Psychiatry, 17*, 89-100.

Wood, E., & Attfield, J. (2006). *Play, learning and the early childhood curriculum* (2nd ed.). London, UK: Paul Chapman.

Zan, B. (2016). Introduction: Why STEM? why early childhood? why now? In Regents' Center for Early Developmental Education at the University of Northern Iowa (Ed.), *Learning with young children: Inquiry teaching with ramp and pathways* (pp. 1-7). New York, NY: Teachers College Press.

Zuckerman, G. A., Chudinova, E. V., & Khavkin, E. E. (1998). Inquiry as a pivotal element of knowledge acquisition within the Vygotskian paradigm: Building a Science curriculum for the elementary school. *Cognition and Instruction, 16*(2), 201-233.

國家圖書館出版品預行編目（CIP）資料

嬰幼兒 STEM 教育與教保實務／周淑惠著.
--初版.--新北市：心理，2018.10
面；　公分.--（幼兒教育系列；51201）

ISBN 978-986-191-842-6（平裝）

1.幼兒保育 2.課程規劃設計 3.學前課程

523.23　　　　　　　　　　　　107017296

幼兒教育系列 51201

嬰幼兒 STEM 教育與教保實務

作　　　者：周淑惠
執行編輯：高碧嶸
總　編　輯：林敬堯
發　行　人：洪有義
出　版　者：心理出版社股份有限公司
地　　　址：新北市新店區光明街 288 號 7 樓
電　　　話：(02) 29150566
傳　　　真：(02) 29152928
郵撥帳號：19293172　心理出版社股份有限公司
網　　　址：http://www.psy.com.tw
電子信箱：psychoco@ms15.hinet.net
駐美代表：Lisa Wu（lisawu99@optonline.net）
排　版　者：辰皓國際出版製作有限公司
印　刷　者：辰皓國際出版製作有限公司
初版一刷：2018 年 10 月
I S B N：978-986-191-842-6
定　　　價：新台幣 320 元

■有著作權‧侵害必究■